Ditte Gerns

Hitlers Wehrmacht in der Sowjetunion

Legenden – Wahrheit – Tradition – Dokumente
Nachwort von Fritz Krause

Verlag Marxistische Blätter
Frankfurt am Main 1985

CIP-Kurztitelaufnahme der Deutschen Bibliothek

Gerns, Ditte:
Hitlers Wehrmacht in der Sowjetunion:
Legenden − Wahrheit − Tradition / Ditte Gerns.
Nachw. von Fritz Krause. − Frankfurt am Main: Verlag
Marxistische Blätter, 1985.
  (Marxismus aktuell; 186)
  ISBN 3-88012-713-1

NE: GT

ISSN 0173−4733
ISBN 3−88012−713−1
© Verlag Marxistische Blätter GmbH
Heddernheimer Landstraße 78 a
6000 Frankfurt am Main 50
Lektorat: Fritz Krause
Umschlaggestaltung: Karlfried Kunz
Bildnachweis: APN
Druck: Plambeck & Co Druck und Verlag GmbH,
4040 Neuss
Mak 186

Inhalt

Vorwort 5
Einleitung 11
Mitarbeit der Wehrmacht an der Ausarbeitung der
Konzeption des Krieges gegen die UdSSR 14
   Der Gerichtsbarkeitserlaß Barbarossa 15
   Der Kommissarbefehl 20
   Die „Richtlinien für das Verhalten der Truppe
   in Rußland" 25
Die militärischen Okkupationsorgane 30
Die Rolle der Wehrmacht während der Okkupation 32
   Beteiligung der Wehrmacht an Massenvernichtungs-
   aktionengegen die sowjetische Bevölkerung 32
      Zivilbevölkerung 32
      Kriegsgefangene 36
      Zusammenarbeit zwischen Wehrmacht und SS 43
   Beteiligung der Wehrmacht an der wirtschaftlichen
   Ausbeutung der okupierten sowjetischen Gebiete 49
      Zwangserfassung wirtschaftlicher Güter 53
      Zwangsarbeiter 55
   Die Strategie der „verbrannten Erde" bei den Rückzügen . 59
Platz der Wehrmacht im Okkupationsregime 63
Lied von der Soja 68
Nachwort 69
Dokumente 83
   Weisung Nr. 21 – Fall Barbarossa 83
   Weisung Nr. 32 – Vorbereitungen für die Zeit
   nach dem Fall Barbarossa 86
   „Kommissarbefehl" 90
   Verhalten der Truppe im Ostraum 92
   Rundfunkrede J. W. Stalins an das sowjetische Volk
   am 3. 7. 1941 95
   Unsere Aufgaben 100
   Befehl des obersten Befehlshabers an die Truppen

der Roten Armee und die Kriegsmarine 101
Besetzte Gebiete 102
Vergeltungsmaßnahmen bei Widerstand 105
Rücksichtslose Ausplünderung der besetzten Gebiete . 108
Ausbeutung der Wirtschaftsquellen 109
Kriegsverbrecher und Verbrechen gegen die
Menschheit............................... 110
Verbrechen mit Vorbedacht................... 113
Generalstab und OKH 115
Anklagevertretung zum Generalstab und OKH 116
Feststellung der Verantwortlichen von Einzelpersonen
für Verbrechen 120
Unrichtige Entscheidungen über den Generalstab
und das OKH 123
Das Abkommen von Jalta − 11. 2. 1945 131
Das Abkommen von Potsdam − 2. 8. 1945.......... 133
Aufruf des ZK der KPD − 11. 6. 1945 136
Antrag auf Linzensierung der SPD............... 141
Entschließung des PV der DKP zur Vorbereitung
des 40. Jahrestages der Befreiung am 8. Mai 1945 143
DGB-Vorsitzender Ernst Breit zum 8. Mai 1945 146
Zeittafel................................... 148
Anmerkungen 152

Vorwort

Noch längst ist die Geschichte des Faschismus und seiner Verbrechen an der Menschheit nicht aufgearbeitet. Zwar drängen junge Menschen nach einer Aufklärung dieser wohl dunkelsten Zeit deutscher Geschichte. Doch sträuben sich die herrschenden Kräfte und ihre Ideologen in unserem Land nach wie vor gegen eine Aufdeckung der geschichtlichen Wahrheit. Die „Frankfurter Allgemeine Zeitung" schrieb zum Beispiel aus Anlaß des 40. Jahrestages der Befreiung vom Faschismus: „Vor zwei Jahren wurde der fünfzigste Jahrestag der nationalsozialistischen Machtergreifung zum Anlaß monatelangen Bedenkens genommen. Das soll am vierzigsten Jahrestag des verdienten Ende dieser Macht wiederholt werden ... Doch stellt sich die Frage, was im Blick auf die Kapitulation des Deutschen Reiches jetzt, vier Jahrzehnte später, ins Gedächtnis zurückgerufen werden soll ... Am besten ist stilles Gedenken an die Opfer von Gewaltherrschaft — wo immer sie ums Leben kamen und weiterhin ums Leben kommen."[1]

Damit war die Richtung fixiert. „... dieser Tag (ist) für die Deutschen kein Anlaß zum Feiern" — so echote denn auch der Bundestagspräsident Philipp Jenninger (CDU). „Er sei vielmehr Grund für eine ‚ernsthafte und nachdenkliche Rückschau'."²

Die Gründe für diese Haltung liegen auf der Hand. Denn gerade Kräfte aus dem deutschen Großkapital waren vielfältig und eng mit dem Faschismus und seiner Aggressionspolitik gegen die europäischen Völker verstrickt. Der Vorsitzende des DGB stellte im Zusammenhang mit der Diskussion um die Bedeutung des 8. Mai 1945 fest: „Sicherlich hat der 8. Mai 1945 nicht für alle Teile der deutschen Bevölkerung dasselbe bedeutet. Für diejenigen, die Hitler zur Macht verholfen hatten, für die Gruppen des Bürgertums, auf die sich das nationalsozialistische Herrschaftssystem vor allem stützen konnte, war der 8. Mai natürlich die dunkelste Stunde ihrer Geschichte. Für die deutsche Arbeiterbewegung war der 8. Mai auch eine Mahnung an die Tatsache, daß nicht *sie* es gewesen war, die den Nationalsozialismus gestürzt hatte. Dennoch bedeutete dieser Tag für die Arbeitnehmer die endgültige völkerrechtlich wirksame Befreiung von einem Joch, unter dem sie – nach der jüdischen Bevölkerung – am meisten gelitten hatten. Deshalb wird der DGB den 8. Mai als einen Tag der Befreiung begehen..."³ Nicht selten spielten dann nach 1945 belastete Nazis und Generale als Mitglieder oder Funktionsträger der CDU, CSU und FDP eine aktive Rolle beim Aufbau bzw. der Restauration des Kapitalismus in der Bundesrepublik − einschließlich ihrer Wiederbewaffnung. Die Justiz war wie immer auf dem rechten Auge blind. Auch in ihrem Apparat saßen nicht wenige ehemalige Nazirichter.

Das Großkapital und seine Politiker mit Konrad Adenauer als erstem Bundeskanzler der Bundesrepublik und Vorsitzendem der CDU an der Spitze stellte sich, aktiv von den Führungskräften der USA, Großbritanniens und Frankreichs unterstützt, schützend vor die belastete Generalität.

Es gab zwar immer wieder Versuche antifaschistischer und demokratischer Kräfte, die die Verstrickung der Generalität ins Licht der Öffentlichkeit rückten. Denn gerade die „alte Garde" der späteren Bundeswehrgenerale wie Heusinger und Speidel u.a.m. dienten in ihrer Mehrheit bis fünf-Minuten-nach-Zwölf der faschistischen Diktatur.

Doch die Generale wurden als „Experten" mit „Osterfahrung" für den Auf- und Ausbau der Bundeswehr und den Feldzug gegen den Fall „rot" gebraucht. So ergab sich fast nahtlos und ungebrochen eine militaristische Kontinuität − als wäre Nürnberg und Potsdam mit ihren Urteilen gegen Kriegsverbrechen und ihren Bestimmungen über die Ausrottung des Faschismus und *Militarismus* nie gewesen. Militaristischer Geist zog denn auch mit der alten faschistischen Generalität in die Bundeswehr ein. Da wurde im kalten Krieg der Antikommunismus Doktrin und militaristisches und reaktionäres Gedankengut wesentlicher Bestandteil der Ausbildung und Traditionspflege der Bundeswehr. Das hat die Bundesrepublik in den Beziehungen der Völker zueinander – vor allem gegenüber den Ländern des realen Sozialismus – großen Schaden zugefügt. Die „Politik der Stärke" landete denn auch auf dem Misthaufen der Geschichte und einer Erneuerung in dieser Zeit wird es genau so gehen.

Es ist endlich Zeit zur Umkehr. Hier öffnet der 40. Jahrestag der bedingungslosen Kapitulation Hitlerdeutschlands und die Befreiung vom Faschismus einen Weg. Zurecht fordert die SPD in ihrem Aufruf: „Der 8. Mai 1985 soll ein Tag werden gegen Geschichtslosigkeit"[4]) – und, so möchten wir ergänzen, gegen Legenden bzw. geschichtliche Verdrehungen und Verfälschungen. Die Notwendigkeit einer grundsätzlichen Umorientierung unterstreicht die vorliegende Arbeit über die Rolle der Hitlerwehrmacht während der zweiten Weltkrieges in der Sowjetunion. Die Wirklichkeit während der Okkupationspolitik der Wehrmacht auf sowjetischen Boden steht im krassen Widerspruch zu dem in unserem Lande offiziell verbreitenden geschichtlichen Behauptungen – so über die Rolle der sowjetischen Armee für den Sieg der Anti-Hitler-Koalition und vor allem über den Anteil bzw. Verantwortung der deutschen Generalität an den Kriegsverbrechen in der UdSSR. Die Mitglieder der militärischen Führungen in diesem Jahrhundert, ob bei Kaiser Wilhelm II., in der Weimarer Republik, dann bei Hitler und schließlich in der Bundeswehr – wenn auch qualitativ nicht immer gleichbleibend – waren durchgehend notorische Militaristen. Sie haben gemeinsam mit den deutschen Imperialisten die Völker Europas in zwei verheerende Weltkriege gestürzt.

Deshalb bedeutet „ernsthafte und nachdenkliche Rückschau" wirkliche Lehren aus Faschismus und Krieg zu ziehen. Zu Recht fordert die DKP zum 40. Jahrestag der Befreiung vom Faschismus: „Nie wieder darf von deutschen Boden ein Krieg ausgehen. Nie wieder darf der Faschismus sein Haupt erheben . . . Man muß sich wehren, wenn der Friede in Gefahr ist. Man muß sich wehren, wenn die Demokratie abgebaut wird und Revanchismus und Neonazismus ihr Medusenhaupt erheben . . ."[5] und, so möchten wir hinzufügen, der militaristische Geist und die Traditionspflege in der Bundeswehr müssen demokratischer und Friedenserziehung endlich weichen.

Rote Fahnen auf dem Reichstagsgebäude in Berlin. Das Ende des „Dritten Reiches"

Einleitung

Die vorliegende Arbeit beschränkt sich auf die Behandlung der Rolle der Wehrmacht während der Okkupation von Teilen des sowjetischen Territoriums. Die Wehrmacht ist neben der zivilen Verwaltung, den wirtschaftlichen Dienststellen sowie SS, SD und Polizei ein Organ, das für die deutsche Okkupationspolitik in der Sowjetunion verantwortlich ist, nicht nur aufgrund der Tatsache, daß ihre militärischen Siege eine Okkupation überhaupt erst ermöglichten, sondern auch im Hinblick darauf, das der größte Teil der besetzten sowjetischen Gebiete in den Machtbereich der Wehrmacht fielen. Diese Beschränkung bedeutet nicht, die Verantwortung der übrigen Okkupationsorgane zu unterschätzen. Ziel dieser Arbeit soll es vielmehr sein, die Rolle der Wehrmacht im Gesamtsystem der Okkupation aufzuzeigen, um anhand dessen ihre Verantwortung für die Okkupationspolitik zu klären. Hierbei soll es um keine Pauschalierung gehen, sondern um bestimmte Tendenzen in der Okkupationspolitik der Wehrmacht, die das Profil dieser Politik ausmachen. Wenn im weiteren vom völkerrechtswidrigen Verhalten der Wehrmacht die Rede ist, dann muß zwischen der großen Zahl von Soldaten, z. T. auch Offizieren, die irregeführt, selbst keinen Einfluß auf die Anlage des Krieges gegen die UdSSR hatten, und führenden Schichten der Wehrmacht unterschieden werden, die diesen Krieg mit vorbereitet haben und durch ihr Verhalten für seinen Verlauf mit verantwortlich sind. Es soll damit auch nicht in Frage gestellt werden, daß es bei einzelnen Vertretern des Okkupationsregimes auch aus humanitärer Gesinnung herrührende Unterschiede hinsichtlich ihres Verhaltens zur sowjetischen Bevölkerung gab, daß es selbst Widerstand aus der Wehrmacht gegen geplante Massenvernichtungsaktionen gab. Dieses Verhalten einer mutigen Minderheit prägte allerdings nicht das Profil der Okkupationspolitik der Wehrmacht.

Kennzeichnend für die Haltung der führenden Wehrmachtskreise war ihre weitgehend inhaltliche Übereinstimmung mit den Zielen des Überfalls auf die UdSSR. Diese bestanden nach

Alexander Dall in der Ausrottung des Bolschewismus, der Vernichtung der UdSSR als Staat und dem Erwerb riesiger neuer Gebiete für koloniale Ausbeutung und Siedlung.[1] Um dieser Ziele Willen schien der Preis, die Beteiligung an der Ausrottungspolitik, tragbar, nicht nur für die „mehr nationalsozialistische" Wehrmachtsführung, sondern auch für die „mehr konservative" Heeresführung. „Ohnehin war die Beseitigung des Bolschewismus dasjenige Ziel, das die konservativere Heeresführung am stärksten mit der NS-Führung verband".[2] Aufgrund dieser Tatsache war ein großer Teil des höheren Offizierskorps „schon in Gedanken an die Schlagkraft der Armee für Hitlers Parole eines Entscheidungskampfes der beiden Weltanschauungen empfänglich, mindestens ebensosehr aber für die Auffassung, daß ein Kampf mit diesem Gegner, seinen ‚Horden- und Herdenmenschen mit Unterweltinstinkten', nicht nach den normalen Prinzipien von Kriegs- und Völkerrecht geführt werden könne".[3] Und so war es keineswegs nur absolutes Gehorsamsprinzip und Mangel an Zivilcourage, sondern vor allem die „traumatische Bolschewistenfurcht, die das Offizierskorps mit den Mittel- und Oberschichten teilte und die 1933 das Bündnis der Konservativen mit dem Nationalsozialismus ganz entscheidend mitgestiftet hatte, die nun Wehrmachts- und Heeresführung „zur letzten Konsequenz" geführt hat.[4]

Die inhaltliche Übereinstimmung mit der Konzeption des Vernichtungskrieges zog auch den Einsatz entsprechend brutaler Mittel und Methoden nach sich.

Die vorliegende Arbeit will die Einbeziehung der Wehrmacht in den Vernichtungskrieg anhand von Beispielen aus verschiedenen Bereichen der Okkupationspolitik darstellen und dabei die These widerlegen, „die bis zur Mitte der sechziger Jahre und darüber hinaus geradezu ein Glaubenssatz war: daß die Wehrmacht an den nationalsozialistischen Verbrechen unbeteiligt gewesen sei".[5] So versucht Otto Bräutigam die Wehrmacht dadurch zu entlasten, daß er schreibt: „Aber weder die Zivilverwaltung noch das Militär trifft die Hauptschuld an den im Osten begangenen Verbrechen, sondern verschiedene Formationen der SS, die bekanntlich ein Staat im Staate waren."[6] Alexander

Dallin spricht von einem „milderen Vorgehen des Heeres" im Gegensatz zum Vorgehen anderer deutscher Autoritäten.[7] Es ist Christian Streit zuzustimmen, daß die völkerrechtlichen Grundgedanken vor allem Wertmaßstäbe sein müssen, nach denen das Handeln der Verantwortlichen aus OKW, OKH (OKW = Oberkommando der Wehrmacht; OKH = Oberkommando des Heeres) und Truppenführung zu beurteilen sein wird.[8]

Mitarbeit der Wehrmacht an der Ausarbeitung der Konzeption des Krieges gegen die UdSSR

Die unmittelbare Mitarbeit der Wehrmacht an der Ausarbeitung der Konzeption des Krieges gegen die UdSSR beginnt im wesentlichen mit der Erstellung der „verbrecherischen Befehle", d. h. des „Gerichtsbarkeitserlasses Barbarossa", des Kommissarbefehls und der „Richtlinien für das Verhalten der Truppe in Rußland". Eine der Voraussetzungen für die Ausarbeitung dieser Befehle war das am 26. März 1941 erzielte und am 28. April 1941 als Befehl des Oberbefehlshabers des Heeres zur Regelung des Einsatzes der Sicherheitspolizei und des SD im Verband des Heeres im Fall Barbarossa unterzeichnete Übereinkommen zwischen dem Generalquartiermeister des Heeres, Wagner, und dem Chef des Reichssicherheitshauptamtes, Heydrich. Danach konnten die SS-Einsatzgruppen in noch weit größerem Maße als im Polenfeldzug bereits im Operationsgebiet des Heeres tätig werden.

Aufgrund dieser weitgehenden Einigung konnte Hitler am 30. März 1941 in einer Rede vor Generalen aller Wehrmachtsteile und Einheiten, die am Krieg gegen die UdSSR teilnehmen sollten, seine Vorstellungen über den Vernichtungskrieg entwickeln. „‚Wir müssen von dem Standpunkt soldatischen Kameradentums abrücken', denn der Kommunist sei ‚vorher kein Kamerad und nachher kein Kamerad'".[9] Entsprechend dieser Grundhaltung, die auch im antikommunistisch eingestellten Offizierskorps auf fruchtbaren Boden fiel, entwickelte Hitler die Forderung, die politischen Kommissare der Roten Armee zu vernichten sowie die Gerichtsbarkeit der Zivilbevölkerung gegenüber aufzuheben. Daß die Wehrmacht hierbei eine aktive Rolle spielen sollte, wurde sofort klargestellt. Wo eine Übergabe der politischen Kommissare an den SD nicht möglich sei, sollten sie von der Truppe erschossen werden.[10]

Nach dieser Rede Hitlers gingen Wehrmachts- und Heeresführung daran, die äußeren Vorstellungen in Befehle zu kleiden.

Der „Gerichtsbarkeitserlaß Barbarossa"

Die wichtigsten Bestimmungen des am 13. Mai 1941 vom Chef des Oberkommandos der Wehrmacht, Keitel, unterzeichneten Gerichtsbarkeitserlasses lauten folgendermaßen:

Vor allem solle es der Wehrmachtsgerichtsbarkeit um die „Erhaltung der Manneszucht" gehen. Dies sei unter den besonderen Bedingungen im Osten nur möglich, „wenn die Truppe selbst sich gegen jede Bedrohung durch die feindliche Zivilbevölkerung schonungslos zur Wehr setzt." Die Grundlage hierfür wurde dadurch geschaffen, daß die „Straftaten feindlicher Zivilpersonen . . . der Zuständigkeit der Kriegsgerichte und der Standgerichte bis auf weiteres entzogen" wurden.

„2. Freischärler sind durch die Truppe im Kampf oder auf der Flucht schonungslos zu erledigen.

3. Auch alle anderen Angriffe feindlicher Zivilpersonen gegen die Wehrmacht, ihre Angehörigen und das Gefolge sind von der Truppe auf der Stelle mit den äußersten Mitteln bis zur Vernichtung des Angreifers niederzukämpfen.

4. Wo Maßnahmen dieser Art versäumt wurden oder zunächst nicht möglich waren, werden tatverdächtige Elemente sogleich einem Offizier vorgeführt. Dieser entscheidet, ob sie zu erschießen sind. Gegen Ortschaften, aus denen die Wehrmacht hinterhältig oder heimtückisch angegriffen wurde, werden unverzüglich auf Anordnung eines Offiziers in der Dienststelle mindestens eines Bataillons usw. -kommandeurs kollektive Gewaltmaßnahmen durchgeführt, wenn die Umstände eine rasche Feststellung einzelner Täter nicht gestatten.

5. Es wird ausdrücklich verboten, verdächtige Täter zu verwahren, um sie bei Wiedereinführung der Gerichtsbarkeit über die Landeseinwohner an die Gerichte abzugeben."

Um die letzten Skrupel gegenüber einem derartigen Vorgehen abzubauen, besagte ein anderer Punkt des Befehls: „Für Handlungen, die Angehörige der Wehrmacht und des Gefolges gegen feindliche Zivilpersonen begehen, besteht kein Verfolgungszwang, auch dann nicht, wenn die Tat zugleich ein militärisches Verbrechen oder Vergehen ist".[11]

Die Federführung bei der Ausarbeitung dieses Erlasses lag bei Warlimonts (er war auch stellvertretender Chef des Wehrmachtsführungsstabes im OKW), Abteilung Landesverteidigung im OKW, auch wenn die Wehrmachtsrechtsabteilung unter Lehmann maßgeblich mitbeteiligt war. Der erste Entwurf des Gerichtsbarkeitserlasses wurde am 28. April 1941 von Lehmann vorgelegt.[12] Schon in diesem Entwurf waren die entscheidenden Punkte zur „Behandlung gegen Landeseinwohner", wie sie in die Endfassung eingingen, formuliert. Bei der Behandlung von „tatverdächtigen Elementen" formulierte Lehmann hier noch die „Alternative": Verdächtige „doch von den Gerichten aburteilen . . . oder sie durch die Truppe erschießen zu lassen."[13] Der Vorschlag, Verdächtige in einigen Fällen doch von Gerichten verurteilen zu lassen, wurde nach Lehmanns Aussage im Nürnberger Prozeß von OKW-Chef Keitel mit der Begründung abgelehnt, „die Gerichtsbarkeit über Landeseinwohner solle ja abgeschafft und nicht eingeführt werden."[14]

Daraufhin kam es in diesem Punkt beim nächsten Entwurf Lehmanns vom 9. Mai 1941 zu einer Verschärfung. Doch diesem Entwurf vorgeschaltet war ein Vorschlag für den Gerichtsbarkeitserlaß von seiten des OKH, von Generalleutnant Müller, dem als General z.b.V. beim Oberkommandierenden des Heeres der Gruppe III (Rechtswesen) für das Feldheer unterstand. Dieses direkte Eingreifen des OKH wird von Helmut Krausnick mit der Besorgnis erklärt, „unter der schwebenden Angelegenheit in Zeitnot zu geraten."[15]

Dieser OKH-Entwurf ging in einigen Punkten über Lehmanns OKW-Entwurf vom 28. April hinaus. „Danach sollten nämlich auch potentielle Freischärler („Landeseinwohner, die als Freischärler an den Feindseligkeiten teilnehmen oder teilnehmen wollen . . ."), Saboteure etc. von der Truppe im Kampf ‚oder auf der Flucht' erschossen werden.[16] Dieser OKH-Vorschlag wurde in Lehmanns Entwurf vom 9. Mai in einer noch verschärfteren Form aufgenommen, nach der dann „tatverdächtige Elemente", die noch nicht „von der Truppe auf der Stelle" erledigt worden waren, sogleich einem Offizier vorzuführen seien, der über die Erschießung entscheide.

In der Frage der vollständigen Abschaffung der Gerichtsbarkeit ging Lehmanns neuer Entwurf über den des OKH, bei dem diese Formulierung nicht enthalten war, hinaus. Ein Einwand des Generalstabschefs des Heeres, Halder, der für Fälle, in denen die Truppe keine Zeit hat, Ermittlungen anzustellen, sowie für kleinere Delikte die Gerichtsbarkeit bestehen lassen wollte, kam bei der endgültigen Formulierung nicht zum Tragen, zumal er, nach Helmut Krausnick, auch nicht insistiert habe. Im Gegenteil: Die im OKH-Entwurf enthaltene und von Lehmann verschärfte Forderung, nach der Freischärler und „tatverdächtige Elemente", die noch nicht von der Truppe erledigt worden waren, einem Offizier vorzuführen seien, der über die Erschießung zu entscheiden habe, soll nach Lehmann von Halder ausdrücklich gebilligt worden sein. Die in der endgültigen Formulierung enthaltene Klausel über kollektive Gewaltmaßnahmen gegen Ortschaften, „ging auf einen Vorschlag von Generalstabschef Halder zurück, der entgegen seiner eigenen Darstellung hierbei eine überaus aktive Rolle gespielt hat."[17] Lehmanns Entwurf vom 9. Mai, der nun die völlige Aufhebung der Wehrgerichtsbarkeit für Landeseinwohner vorsah, wurde mit nur geringfügigen Änderungen zum „Führererlaß über die Ausübung der Kriegsgerichtsbarkeit im Gebiet ‚Barbarossa' und über besondere Maßnahmen der Truppe", den Keitel am 13. Mai „im Auftrag" unterzeichnete. Als das OKH am 24. Mai den Erlaß an die Truppenbefehlshaber weitergab, waren ihm Erläuterungen des Oberbefehlshabers des Heeres, von Brauchitsch, beigefügt. Diese als „Disziplinarerlaß" bekanntgewordenen Erläuterungen gingen auf die Besorgnis vieler Truppenführer ein, daß die vorgesehenen Lockerungen der Kriegsgerichtsbarkeit und die Möglichkeit des schärfsten Vorgehens selbst gegen lediglich Verdächtige zu einer „Verwilderung der Truppe" führen könnten. Mit dem Erlaß sollte möglichen negativen Auswirkungen auf die Disziplin der Truppe vorgebeugt werden. Es wurde betont, daß sich der Erlaß auf „schwere Fälle der Auflehnung" feindlicher Zivilisten beziehe und daß „willkürliche Ausschreitungen einzelner Heeresangehöriger" verhindert werden müßten.[18] Befohlene Ausschreitungen waren also weiterhin möglich.

„Brauchitschs Erlaß bot Soldaten, die sich kriegsvölkerrechtlichen Grundsätzen verpflichtet fühlten, einen gewissen Rückhalt; er mußte aber nicht als Einschränkung verstanden werden und hinderte die ‚poltischen Soldaten', die im Heer keine Minderheit waren, keineswegs daran, den Krieg in der barbarischen Weise zu führen, von der sich die NS-Führung die Beseitigung aller potentiellen Gegner in den eroberten Ostgebieten und quasi als Nebenprodukt, die Radikalisierung und Brutalisierung der Kampfführung erwartete, deren Rückwirkungen dann auch die traditioneller gesinnten Soldaten in den Vernichtungskrieg integrieren würden."[19]

Eine grundsätzliche Änderung der Einstellung des OKH kann aus dem Disziplinarerlaß nicht abgeleitet werden, da lediglich die Frage der Disziplin und nicht das Völkerrecht im Mittelpunkt dieser Maßnahme stand. So meinte Halder z. B.: „Die Verantwortung für die Disziplin der Truppe empfindet der hohe Truppenführer als das Primäre . . . Die Verantwortung für Verletzung der völkerrechtlichen Vereinbarungen und Gepflogenheiten wirkt nicht so unmittelbar drückend, zumal die hier mitspielenden Rechtsbegriffe teilweise recht dehnbar sind und in der Praxis in jedem Krieg dauernd strapaziert werden."

Nach Helmut Krausnick sei es ein großer Irrtum, anzunehmen, der Gerichtsbarkeitserlaß „habe auf die Besatzungspolitik bzw. auf die Behandlung der sowjetischen Zivilbevölkerung durch die Truppe einen nennenswerten Einfluß nicht ausgeübt und – nach dem Willen wenigstens der Heeresführung – auch gar nicht ausüben sollen". Ebenso sei es ein Irrtum, anzunehmen, „der Oberbefehlshaber von Brauchitsch habe mit seinem berühmten Disziplinarerlaß die förmliche Aufhebung der Gerichtsbarkeit (d. h. jedes Rechtsschutzes) für die Zivilbevölkerung gegenüber der Besatzungsmacht praktisch paralysieren wollen."[20] Eine dem Geist, z. T. sogar dem Wortlaut des Gerichtsbarkeitserlasses entsprechende Weisung des Generals z.b.V. beim Oberkommandierenden des Heeres, Müller, vom 25. Juli 1941 für die Behandlung feindlicher Zivilpersonen und russischer Kriegsgefangener in den rückwärtigen Heeresgebieten Nord, Mitte und Süd untermauert die von Helmut Krausnick getroffene Einschätzung. Mit der Weisung, die dem Gerichtsbarkeitserlaß zur Erläuterung und

Kinder als KZ-Häftlinge in Petrosawodski — 1944

Ermordung vieler Tausender sowjetischer Frauen, Kinder und Männer in den faschistischen Vernichtungslagern

Ergänzung dienen sollte, wollte das OKH auf ein härteres Durchgreifen hinwirken. So ist auch eine gewisse Verschärfung gegenüber dem Gerichtsbarkeitserlaß festzustellen. Zum einen fanden jene Anordnungen des Disziplinarerlasses, die eine einschränkende Wirkung haben könnten, keine Erwähnung. Zum anderen sollten die einer Straftat gegen die Wehrmacht verdächtigen, noch nicht erschossenen Zivilpersonen, die bisher einem Offizier vorgeführt wurden, der über eine Erschießung zu entscheiden hatte, „nunmehr schon dann, wenn sie ‚hinsichtlich Gesinnung und Haltung gefährlich' erschienen, dem nächsten Einsatzkommando übergeben werden."[21] Diese ergänzende Weisung wurde unter ausdrücklicher Bezugnahme auf den Gerichtsbarkeitserlaß weitergeleitet mit der Mahnung, ihn mündlich in der Truppe bekanntzugeben. Dies weist auf das Ausmaß der Verbreitung dieses Befehls hin.[22]

Der Gerichtsbarkeitserlaß wurde nie aufgehoben. Bis zum Ende der Okkupation wurden zahlreiche OKH-Weisungen zur Definition des Begriffs „Freischärler" in seinem Geiste gefaßt.

Der Kommissarbefehl

Dem am 6. Juni 1941 durch Warlimont an OKH und OKL (OKL = Oberkommando der Luftwaffe) zur Weiterleitung an die Truppe übersandte Kommissarbefehl war eine Präambel vorangestellt, in der es hieß, daß im „Kampf gegen den Bolschewismus ... mit einem Verhalten des Feindes nach den Grundsätzen der Menschlichkeit oder des Völkerrechts nicht zu rechnen" sei. „Insbesondere ist von den politischen Kommissaren aller Art als den eigentlichen Trägern des Widerstandes eine haßerfüllte, grausame und unmenschliche Behandlung unserer Gefangenen zu erwarten."[23]

Auf der Grundlage dieser Begründung wurden dann die folgenden Bestimmungen formuliert:

Zivile Kommissare jeder Art und Stellung sind zu erschießen, „auch wenn sie nur des Widerstandes, der Sabotage oder der Anstiftung hierzu verdächtig sind."

Die Überprüfung der nicht feindselig auftretenden zivilen Kommissare erfolgt durch den SD.

Truppenkommissare werden grundsätzlich sofort, d. h. noch auf dem Gefechtsfeld von den Truppen, die sie gefangen nehmen, erledigt.

Bei der Frage, ob zivile Kommissare schuldig oder nicht schuldig sind, hat grundsätzlich der persönliche Eindruck von der Gesinnung und Haltung der Kommissars höher zu gelten, als der vielleicht nicht zu beweisende Tatbestand.[24]

Dieser endgültigen Fassung des Kommissarbefehls gingen einige Entwürfe voraus. Die Initiative zu diesem Befehl ging vom OKH aus. Der General z.b.V. beim ObdH, Müller, sandte am 6. Mai 1941, gemeinsam mit dem bereits erwähnten Entwurf für den Gerichtsbarkeitserlaß, den Entwurf von Richtlinien zur „Behandlung politischer Hoheitsträger usw." an das OKW. „Nach wie vor ist die Frage offen, wer dem Oberkommando des Heeres den definitiven Auftrag erteilt hat . . ."[25] Doch kam diesem Schritt „um so größere Bedeutung zu, als von seiten des OKW in der Kommissar-Frage — anders als beim Gerichtsbarkeitsbefehl — bislang noch nichts präjudiziert war, so daß von der Formulierung des ersten einschlägigen Entwurfs für die weiteren Entschlüsse möglicherweise viel abhing."[26] Der erste Entwurf des OKH war sehr radikal. Ausgenommen die fachlichen Leiter wirtschaftlicher und technischer Betriebe, deren Beseitigung davon abhing, ob sie sich gegen die deutsche Wehrmacht auflehnten, sollten alle politischen Funktionäre in Verwaltung und Partei sowie alle anderen bedeutenden politischen Persönlichkeiten erschossen werden. Dies sollte aber insbesondere für Truppenkommissare gelten. Funktionäre, die im rückwärtigen Heeresgebiet wegen ihrer bisherigen politischen Tätigkeit gefaßt werden, sollten an die Einsatzgruppen übergeben werden.[27] Bei der weiteren Ausarbeitung des Kommissarbefehls ist von seiten des OKH nicht der Versuch ersichtlich, Milderungen oder Differenzierungen durchzusetzen. Der stellvertretende Chef des Wehrmachtsführungsstabes, Warlimont, nahm am 12. Mai in einer Vortragsnotiz gegen die im OKW-Entwurf vorgesehene Beseitigung aller politischen Kommissare Stellung, da man die staatlichen, kommunalen und wirtschaftlichen Funktionäre für die Verwaltung der besetzten Gebiete benötigen würde. Die Vernichtung sollte auf hohe und höchste Funktionäre beschränkt werden. Er machte den Vorschlag, zivile politische Funktionäre, die sich keiner feindlichen Handlung schuldig machen, zunächst unbehelligt zu lassen. Mit der Erledigung der Truppenkommissare war Warlimont einverstanden. Er leitete die Vortragsnotiz mit Müllers OKH-Entwurf an Keitel und Jodel, den Chef des Wehrmachtsführungsstabes, weiter.

Die Entscheidung fiel nicht sofort. Vermutlich am 23. Mai wurde der neue Entwurf vorgelegt, der mit geringen Veränderungen an OKH und OKL zur Weiterleitung an die Truppe versandt wurde. In die Endfassung wurden Warlimonts Veränderungsvorschläge in bezug auf die zivilen Kommissare aufgenommen. Eine Verschärfung gegenüber den vorherigen Entwürfen trat in dem Punkt ein, daß über Schuld und Unschuld aufgrund des persönlichen Eindrucks und der Gesinnung geurteilt werden sollte.

Durch den Kommissarbefehl wurde noch stärker als mit dem Gerichtsbarkeitserlaß die bislang üblich gewesene formale Trennung zwischen militärischen und polizeilichen Aufgaben aufgehoben und die Wehrmacht unmittelbar in die Vernichtungspolitik des NS-Regimes einbezogen. „Im Kommissarbefehl kommt die Beseitigung elementarster Regeln des Völkerrechts – ‚Kriegsgefangene sollen mit Menschlichkeit behandelt werden' – noch wesentlich deutlicher zum Vorschein als in den anderen Befehlen. Mit ihm wurde eine genau definierte Gruppe von Angehörigen einer feindlichen Armee in ihrer Gesamtheit noch vor Beginn der Feindseligkeiten zur verfahrenslosen Liquidierung bestimmt. Der Kommissarbefehl, dessen Unrechtscharakter weder im Nürnberger Hauptprozeß, noch im OKW-Prozeß bestritten wurde, erschien so geradezu als Symbol für die Einbeziehung der Wehrmacht in die nationalsozialistische Ausrottungspolitik. Der Befehl mußte in den Mittelpunkt des Interesses rücken, weil von den Angeklagten und ihren Verteidigern eben diese Einbeziehung der Wehrmacht in die Ausrottungspolitik entschieden geleugnet wurde. Konsequenterweise wurde die Durchführung des Befehls ebenso in Abrede gestellt wie eine Mitverantwortung von Wehrmachts- und Heeresführung an seiner Ausarbeitung."[28]

Auf die Mitverantwortung von Wehrmachts- und Heeresführung für die Ausarbeitung des Kommissarbefehls ist bereits eingegangen worden. Danach mutet es sonderbar an, wenn von Brauchitsch behauptet, „er habe einen einigermaßen gangbaren Ausweg aus seiner ‚drückenden Lage' eben nur noch darin erblickt, daß er den von ihm verlangten Befehl durch seine eigenen Mitarbeiter formulieren ließ ‚in der Hoffnung, die Ausführung zu hintertreiben'. . ."[29] Zum einen sah der erste OKH-Entwurf die Ermordung aller politischen Kommissare vor. Zum anderen war es weder OKH noch OKW nach Beginn des Feldzuges gegen die UdSSR derartig daran gelegen, den Befehl zu unterlaufen, wie von dieser Seite hinterher immer behauptet wurde. Hätte General Müller es wirklich nicht vermeiden können, beispielsweise den Ic der 18. Armee im Juli eigens darauf hinzuweisen, daß bei dem raschen Fortschreiten der Operationen eine Reihe von Kommissaren „nach Entfernung ihrer Abzeichen unerkannt in die Gefangenenlager geraten sein dürften, daß Ic-Offiziere daher ‚auf die Notwendigkeit einer ständigen Überprüfung der Anwesenheit von politischen Kommissaren immer wieder' aufmerksam machen müßten"?[30] Und auch die Anfrage des OKW beim Wehrmachtsführungsstab, ob Politruks, die politischen Gehilfen bei den sowjetischen Kompanien, als Kommissare anzusehen seien, deutet darauf hin, daß das Interesse der Heeresführung an der Durchführung des Kommissarbefehls doch größer war, als es im Nachhinein dargestellt wird.

Nach Helmut Krausnick wäre es verfehlt, Bedeutung und Vollzug des Kommissarbefehls zu unterschätzen. Seiner Meinung nach ist die Aussage Alexander Dallins, daß der Befehl „dank der stillschweigenden Opposition der Generale niemals durchgeführt worden"[31] sei, irrig. Auch wenn Hitler gesagt haben soll: „er wisse ja, daß man im Heer die gegebenen Befehle, wie z. B. den ‚Kommissarbefehl' (Juni 1941), gar nicht oder nur zögernd befolgt habe. Schuld daran trage das Oberkommando des Heeres, das aus ‚dem Soldatenberuf möglichst einen Pastorenstand' machen wolle"[32], so sprechen doch die Tatsachen, z. B. eine ganze Reihe dienstlicher Vollzugsmeldungen, dagegen. „So meldete – um nur einige anzuführen – die Panzergruppe 4 (Generaloberst Hoepner) ihrer Heeresgruppe (Nord) für die Zeit vom 22. 6. bis 8. 7. 1941 unter dem betreffenden Aktenzeichen: ‚101

(Kommissare) erledigt'[33] die Panzergruppe 3 ‚bis Anfang August . . . im ganzen Gruppenbereich etwa 170 politische Kommissare (innerhalb der Truppe)' als ‚gefangen und .·. . gesondert abgeschoben'.[34] Im Widerspruch mit der Angabe Guderians (Panzergruppe 2/Heeresgruppe Mitte) in seinen Erinnerungen, der Kommissarbefehl sei überhaupt nicht zur Kenntnis seiner Panzergruppe gelangt, meldete das der Gruppe unterstellte XXIV. Panzerkorps ihr am 14. Juli 1941 sogar, es habe bis zum 5. Juli 19 ‚zivile (!) Hoheitsträger (allgem. pol. Kommissare)' und 6 ‚politische Kommissare der Truppe ‚im Kampf erschossen', sowie einen weiteren ‚politischen Kommissar der Truppe' außerhalb der ‚eigentlichen' Kampfhandlungen ergriffen und erschossen[35]. Auch andere, der Gruppe angehörende Einheiten haben ihr über Erschießungen von Kommissaren gemeldet. Bemerkenswert ist ferner, daß das XXXXIV. Panzerkorps, als es am 20. 9. der Panzergruppe 2 die Übersendung eines ‚höheren Kommissars' ankündigte, ausdrücklich bat, diesen ‚nicht als solchen zu behandeln', da er über wichtige Dinge ‚ganz wertvolle Aussagen' machen und ‚uns noch wertvolle Dienste leisten' könne".[36]

Verschiedentlich wurde die Richtigkeit dieser Meldung bezweifelt und besonders die angegebenen Zahlen für fingiert erklärt. Sicherlich wird es Fälle gegeben haben, in denen Truppenkommandeure den Befehl von sich aus nicht beachtet haben. Doch weisen die z. T. schon angeführten Nachfragen und zusätzlichen Weisungen zum Befehl, aber auch persönliche Zeugnisse darauf hin, daß der Kommissarbefehl breiter als hinterher zugegeben, angewandt wurde.[37]

Die meisten Kommissare wurden allerdings nicht direkt an der Front, sondern in den Gefangenenlagern ermordet. Waren hierfür unmittelbar die SS-Einsatzgruppen verantwortlich, so trifft die Wehrmacht insofern eine Mitschuld, als sie für die Leitung der Gefangenenlager zuständig war. In Durchgangslagern, in denen die Einsatzgruppen noch nicht tätig waren, „sollten die Lagerkommandanten laut OKH-Befehl vom 7. 10. 1941 ‚nach den bisherigen Bestimmungen' verfahren; sie sollten nämlich auf Grund einer Verfügung des OKH vom 24. 7. 1941 ‚politisch untragbare und verdächtige Elemente, Kommissare und Hetzer' weiterhin ‚gemäß gegebenen Sonderanordnungen' (d. h. im Sinne von Kommissar- und Gerichtsbarkeitserlaß) behandeln, ohne das Eintreffen jener Kommandos abzuwarten."[38]

Seit Mitte August 1941 mehrten sich die Bedenken gegen die Zweckmäßigkeit des Kommissarbefehls in der Truppe. Die Rote Armee leistete weit größeren Widerstand, als erwartet, und es zeichnete sich ab, daß dieser Feldzug länger dauern würde, als geplant. Die Behandlung der Kommissare, die sehr schnell auf sowjetischer Seite bekannt wurde, führte nach Einschätzung in der Truppe, so auch der Panzergruppe 3, die, wie bereits erwähnt, selbst aktiv an der Liquidierung von Kommissaren teilnahm, zu einer Verschärfung des sowjetischen Widerstandes. Am 23. September 1941 lehnte Hitler die Änderung des Kommissarbefehls ab. „Erst die Erfahrungen des Winterfeldzuges 1941/42, verbunden mit den schweren Erschütterungen der deutschen militärischen Führung und die Tatsache, daß der geplante ‚Blitzfeldzug' gegen die Sowjetunion gescheitert war, führten zu einer schrittweisen Änderung der oben angedeuteten Einstellung."[39] Erst im Mai 1942 erklärte sich Hitler bereit, den sowjetischen Kommissaren und Politruks versuchsweise die Erhaltung des Lebens zu sichern, um die Neigung zur Kapitulation oder zum Überlaufen zu fördern. Nach einer Verfügung der für Kriegsgefangene zuständigen Abteilung des OKW sollten die Kommissare und Politruks künftig durch Einsatzkommandos der Sicherheitspolizei und des SD in den im Generalgouvernement liegenden Lagern ausgesondert und in von der Sicherheitspolizei vorbereitete Lager gebracht werden.

Die „Richtlinien für das Verhalten der Truppe in Rußland"

Diese Richtlinien, die als Anlage 3 in den „Besonderen Anordnungen Nr. 1 des Chefs des OKW zur Weisung Nr. 21" enthalten sind, wurden am 19. Mai 1941 von Keitel unterzeichnet. Wie in den anderen bereits erwähnten Befehlen, werden die Empfänger zunächst gegen den Bolschewismus aufgebracht:

„I. 1.) Der Bolschewismus ist der Todfeind des nationalsozialistischen deutschen Volkes. Dieser zersetzenden Weltanschauung und ihren Trägern gilt Deutschlands Kampf.

2.) Dieser Kampf verlangt rücksichtsloses und energisches Durchgreifen gegen bolschewistische Hetzer, Freischärler, Saboteure, Juden und restlose Beseitigung jedes aktiven oder passiven Widerstandes.

II. 3.) Gegenüber allen Angehörigen der Roten Armee – auch den Gefangenen – ist äußerste Zurückhaltung und schärfste Achtsamkeit geboten, da mit heimtückischer Kampfesweise zu rechnen ist. Besonders die asiatischen Soldaten der Roten Armee sind undurchsichtig, unberechenbar, hinterhältig und gefühllos.

4.) Bei der Gefangennahme von Truppeneinheiten sind die Führer sofort von den Mannschaften abzusondern."[40]

Über die Entstehung dieser Richtlinien ist nichts Näheres bekannt. Doch müssen auch sie in Warlimonts Abteilung Landesverteidigung des Wehrmachtsführungsstabes ausgearbeitet worden sein. Mit diesen Richtlinien schuf das OKW, so Streit, Verständnis für die „Arbeit der Einsatzgruppen". „Das kommt am deutlichsten darin zum Ausdruck, daß die Juden hier zum erstenmal in einem Wehrmachtsbefehl mit dieser Eindeutigkeit zu ‚Verbrechern' allein wegen ihrer Rasse erklärt wurden. In diesem Punkt gingen die ‚Richtlinien' noch einen Schritt weiter als die anderen genannten Befehle."[41] Auch diese Richtlinien wurden im Laufe des Krieges weiter verschärft, z. B. durch die bereits erwähnte Weisung des Generals z.b.V. beim ObdH, Müller, vom 25. Juli 1941 für die Behandlung feindlicher Zivilpersonen und russischer Kriegsgefangener.

Der zweite Teil dieser Weisung beschäftigte sich mit der Behandlung der Kriegsgefangenen. Er ging weit über die Richtlinien hinaus. So war jetzt „jede Nachsicht oder gar Anbiederung . . . strengstens zu ahnden". „Persönlichkeiten, bei denen Unterlassungen oder Verstöße festgestellt wurden, sind zur Rechenschaft zu ziehen."[42] Mit diesen Bestimmungen sollte gewährleistet werden, daß bei „Widersetzlichkeit, Auflehnung usw. . . . sofort von der Waffe Gebrauch" gemacht wurde. Nach Christian Streit erwecken die Quellen den Eindruck, „als sei der

Befehl vor allem als Freibrief für eine willkürliche Behandlung der Gefangenen gewertet worden.[43] So beschränkten sich die Erschießungen sowjetischer Gefangener nicht nur auf die Aktionen der SS-Kommandos. Auch von der Wehrmacht soll, so Christian Streit, eine fünfstellige, wenn nicht sechsstellige Zahl sowjetischer Kriegsgefangener erschossen worden sein.[44]

Diese Befehle blieben auch dann weiterhin in Kraft, als es der deutschen Führung darum ging, das Verhalten den sowjetischen Kriegsgefangenen zu modifizieren, um sie für den Arbeitseinsatz in Deutschland einsetzen zu können.

Zusammenfassend kann man feststellen, daß es in diesem Befehlskomplex um die Beseitigung jeglicher Opposition ging, ob aktiv oder passiv. Dabei hatten die Einsatzgruppen nach dem Abkommen zwischen OKH und RSHA (Reichssicherheits-Hauptamt) die Aufgabe, die feindliche politische und geistige Führungsschicht sowie das Judentum als die „biologische Wurzel" des Bolschewismus zu vernichten. Der Gerichtsbarkeitserlaß entlastete die Einsatzgruppen dadurch, daß die Wehrmacht selbst all jene Kräfte vernichtete, die des aktiven oder passiven Widerstandes beschuldigt wurden. Durch den Kommissarbefehl nun wurde ein Teil des Aufgabenbereiches, den die Einsatzgruppen in den rückwärtigen Gebieten übertragen bekommen hatten, an die Wehrmacht abgegeben. Im Operationsgebiet sollte sie sich um die Liquidierung einer vorher definierten politischen Führungsschicht in der feindlichen Armee kümmern.

Die von Warlimont im Nachhinein aufgebrachte These von einer „Verschwörung des Schweigens" in bezug auf diesen Befehlskomplex wird von Helmut Krausnick als eine „nachträgliche Konstruktion" bezeichnet.[45] Neben den schon aufgeführten Belegen für diese Feststellung läßt sich hierfür auch die Rede des Generals z.b.V beim ObdH, Müller, die er am 11. Juni 1941 in Warschau gehalten hat, heranziehen. Er sagte dort unter anderem, daß „Rechtsempfinden u. U. hinter Kriegsnotwendigkeit zu treten habe". Der Träger der feindlichen Einstellung sei nicht zu konservieren sondern zu erledigen.[46] Wäre es darum gegangen, die Befehle zu ignorieren, so hätte es den hier an den Tag gelegten Eifer nicht geben dürfen. Gegen Warlimonts These spricht auch das Ergebnis, zu dem Christian Streit in seiner Untersuchung kommt, „daß gerade bei diesem Befehlskomplex, der das Verhalten der Wehrmacht gegenüber den sowjetischen Gefangenen wie der Zivilbevölkerung so entscheidend festlegte, kein Übergewicht der Einflußnahmen Hitlers gegenüber Initiativen aus der Wehrmachts- und Heeresführung feststellbar ist."[47]

Kinder, die ihre Eltern im Krieg verloren haben, 1941 im Gebiet Rostow

Zerstörung der Stadt Kriwoj Rog durch faschistische Truppen – 1941

„Straße des Lebens" auf dem Eis des Ladoga-See. Sie verband das eingeschlossene Leningrad mit dem Land.

Die militärischen Okkupationsorgane

Die Struktur des militärischen Okkupationsbereiches war grundsätzlich in den „Besonderen Anordnungen für die Versorgung, Teil C" vom 3. April 1941 geregelt. Danach wurde das unter Militärgewalt stehende sowjetische Gebiet in drei Zonen untergliedert. Als das okkupierte Gebiet eine genügende Tiefe erreicht hatte, wurde im Westen ein Teil der zivilen Verwaltung, den Reichskommissariaten (Ostland und Ukraine) abgetreten.[48]

Die erste Zone umfaßte das unmittelbare Kampfgebiet. Hier übten die Divisions- und Korpskommandeure und die ihnen unterstellten Truppen faktisch selbst die Exekutivgewalt gegenüber der sowjetischen Bevölkerung aus.

Das dahinter liegende, etwa 20 bis 50 km tiefe Gebiet, wurde zum rückwärtigen Armeegebiet, der zweiten Zone. „Im Armeegebiet üben die Oberbefehlshaber der Armeen vollziehende Gewalt aus und sind für Sicherung und Ausnutzung des Landes verantwortlich.[49] Sie setzten einen Kommandanten des rückwärtigen Armeegebietes ein, dem die Heeresgruppenkommandos Sicherungsdivisionen unterstellten.

Erstmalig im bisherigen Kriegsverlauf wurde als dritte Zone im Rahmen jeder Heeresgruppe ein rückwärtiges Heeresgebiet gebildet, an dessen Spitze ein dem Heeresgruppenkommando unmittelbar unterstellter „Befehlshaber des rückwärtigen Heeresgebietes" stand. „Er übt vollziehende Gewalt aus und ist für die Sicherung und Ausnutzung des Landes in seinem Gebiet verantwortlich."[50] Auch ihm wurden Sicherungsdivisionen unterstellt. „Neben allgemeinen Einheiten unterstanden den Befehlshabern der rückwärtigen Heeresgebiete zunächst neun Sicherungsdivisionen mit 13 Einsatzbrigaden, Verfügungstruppen und Ordnungsdiensten in Stärke von 28 Landesschützen- und zehn Wachbataillonen, Einheiten der Feldgendarmerie und der Geheimen Feldpolizei sowie des Amtes Ausland/Abwehr. Ferner gehörten zu jedem rückwärtigen Heeresgebiet ein motorisiertes Polizeiregiment und zu jeder Sicherungsdivision ein ebensolches Polizeibataillon. Zur ‚Sicherung des Raumes' standen den Befehlshabern der rückwärtigen Heeresgebiete höhere SS- und Polizeiführer zur Seite, die über 3 SS-Brigaden und eine Reihe von selbstständigen Polizeieinheiten verfügten. Bei ‚dringendem Kampfeinsatz', so war vor dem 22. Juni festgelegt, konnten die Militärbefehlshaber auch diese Kräfte heranziehen."[51]

Die rückwärtigen Heeresgebiete umfaßten den größten Teil des unter der Militärmacht stehenden Okkupationsgebietes. „Zur regionalen und örtlichen Sicherung der Maßnahmen des Okkupationsregimes wurde das besetzte Gebiet mit einem Netz von Stützpunkten und Militärkommandanturen überzogen. Als territoriale Kommandostäbe für die in den rückwärtigen Gebieten stationierten bodenständigen Truppeneinheiten und sonstigen militärischen Einrichtungen fungierten Feldkommandanturen, vereinzelt auch Oberfeldkommandanturen. Darüber hinaus existierte im okkupierten Gebiet eine Vielzahl von Stadt- und Ortskommandanturen mit entsprechenden Militär- bzw. Polzeigarnisonen."[52]

In den zivil verwalteten Gebieten wurden den Reichskommissaren je ein Wehrmachtsbefehlshaber, der dem Chef des OKW unterstellt war, zur Seite gestellt. Ihm oblag die militärische Sicherung des Gebietes, doch sollte er auch nach einem Erlaß Hitlers vom 25. Juni 1941 die Reichskommissare bei ihren politischen und Verwaltungsaufgaben unterstützen und ihnen gegenüber „einheitlich die Forderungen der Wehrmacht, besonders auch hinsichtlich der Ausnutzung des Landes für die Versorgung der kämpfenden Truppe" vertreten. „Die Forderungen der Wehrmacht werden im zivilen Bereich von den Reichskommissaren durchgesetzt. Bei Gefahr im Verzuge haben die Wehrmachtsbefehlshaber das Recht, auch im zivilen Bereich die Maßnahmen anzuordnen, die für Durchführung der militärischen Aufgaben notwendig sind."[53]

Dieser kurze Überblick über die Struktur der militärischen Okkupationsorgane zeigt, daß die Wehrmacht in einem sehr großen Gebiet selbst unmittelbar für die dort vollzogene Okkupationspolitik verantwortlich war, während sie in den Reichskommissariaten eine Mitverantwortung trug.

Die Rolle der Wehrmacht während der Okkupation

Beteiligung der Wehrmacht an Massenvernichtungsaktionen gegen die sowjetische Bevölkerung

Zivilbevölkerung

Der Terror gegen die sowjetische Bevölkerung verfolgte zumindest drei Ziele. *Erstens* sollten potentielle Gegner radikal vernichtet werden.[54] *Zweitens* sollten die Menschen eingeschüchtert und so von Widerstandsaktionen abgehalten werden. Keitel formulierte diesen Gedanken in einem Befehl vom 23. Juli 1941. Die Besatzungsmacht habe „denjenigen Schrecken" zu verbreiten, „der allgemein geeignet ist, der Bevölkerung jede Lust zur Widersetzlichkeit zu nehmen".[55] *Drittens* lagen dem Massenterror die Ausrottungspläne der NS-Führung, wie sie z. B. im Generalplan Ost formuliert wurden, zugrunde. Das scharfe Vorgehen gegen den Volkswiderstand sollte diese Pläne vertuschen. So erklärte Hitler dazu am 16. Juli 1941: „Dieser Partisanenkrieg hat auch wieder seinen Vorteil: er gibt uns die Möglichkeit, auszurotten, was sich gegen uns stellt."[56]

Um die Partisanenbekämpfung so effektiv wie möglich zu organisieren, wurden die Verantwortlichkeiten auf diesem Gebiet gestrafft. In der Weisung Nr. 46 des OKW vom 8. August 1942 wird der Reichsführer SS und Chef der Deutschen Polizei zur zentralen Stelle „für die Sammlung und Auswertung aller Erfahrungen auf dem Gebiet der Bandenbekämpfung". „Darüber hinaus ist der Reichsführer SS allein verantwortlich für die Bandenbekämpfung in den Reichskommissariaten. Die Wehrmachtsbefehlshaber haben ihn bei der Durchführung der sich hieraus ergebenden Aufgaben durch Abstimmung ihrer Maßnahmen sowie gegebenenfalls durch Abstellung von Führungsorganen, Führungsmitteln und Versorgungseinrichtungen zu unterstützen." Im Bedarfsfall sollten ihm auch Kräfte der Wehrmacht vorübergehend unterstellt werden. Umgekehrt wurde im Operationsgebiet der Chef des Generalstabes des Heeres allein verantwortlich für den Kampf gegen die Partisanen. Dazu wurden den entsprechenden Befehlshabern auch die im Operationsgebiet befindlichen Polizeikräfte unterstellt.[57] Die Operationsabteilung im Generalstab des Heeres unter Generalmajor Adolf Heusinger (später Generalinspekteur der Bundeswehr) war von nun an für die Partisanenbekämpfung in den unter Militärherrschaft stehenden Okkupationsgebieten verantwortlich. Die Weisungen des OKW zur Partisanenbekämpfung nahmen immer schärfere Formen an. So gab das OKW am 11. November 1941 ein Merkblatt heraus, in dem es u. a. hieß: „Schon die Härte der Maßnahmen und die Furcht vor den zu erwartenden Strafen muß die Bevölkerung davon abhalten, die Banden zu unterstützen oder zu begünstigen." In der Regel sollten Gefangene erschossen werden. „Jeder Führer einer Abteilung ist dafür verantwortlich, daß gefangene Banditen und Zivilisten, die beim aktiven Kampf angetroffen werden (auch Frauen), erschossen oder besser erhängt werden. Wer den Partisanen Hilfe gewährte oder ihren Aufenthaltsort verheimlichte, war „todeswürdig". Gegen Dörfer, in denen die Partisanen Unterstützung gefunden haben, sollten kollektive Terrormaßnahmen angewandt werden.[58]

Ein Befehl des Chefs des OKW vom 16. Dezember 1942 sah noch schärfere Maßnahmen vor. In ihm hieß es u. a.: „Die Truppe ist daher berechtigt, in diesem Kampf ohne Einschränkung auch gegen Frauen und Kinder jedes Mittel anzuwenden, wenn es nur zum Erfolg führt." Den an Aktionen gegen Partisanen beteiligten Deutschen wurde absolute Straffreiheit zugesichert.[59] Weitere Befehle und Weisungen zur Partisanenbekämpfung wurden erlassen. Nach einem Bericht der Operationsabteilung des Generalstabes des Heeres vom 6. Februar 1943 waren allein im Heeresbereich Mitte bis zum Januar 1943 insgesamt mehr als 100 000 Menschen als „Partisanen" getötet worden.[60] Diese hohe Zahl kam dadurch zustande, daß bei den Vernichtungsaktionen die Zahl der getöteten Landeseinwohner die Zahl der im Kampf getöteten Partisanen um ein Vielfaches überstieg. Aktionen dieser Art waren z. B. das im Frühjahr 1943 im

Abschnitt der 2. Panzerarmee mit 4 Divisionen südlich von Brjansk durchgeführte Unternehmen „Zigeunerbaron", das Unternehmen „Freischütz" im Bereich LV Armeekorps oder die von der 3. Panzerarmee angeordnete Aktion „Maigewitter". Neben diesen Vernichtungsaktionen waren Geiselnahmen ein weiteres Mittel des Terrors und der Partisanenbekämpfung. So forderte ein Befehl des XXX. Armeekorps vom 26. November 1941, folgende Personen als Geiseln zu nehmen: Angehörige von Partisanen, Parteimitglieder, Komsomolzen sowie Parteianwärter, ehemalige Parteimitglieder, Personen, die vor der Okkupation Ämter innegehabt haben sowie Personen, die ohne Ausweis außerhalb geschlossener Ortschaften angetroffen wurden. Diese Geiseln sollten in KZs gebracht werden. „Aus diesen Geiseln sind für jeden deutschen und rumänischen Soldaten, der durch Partisanen fällt, möglichst in der Nähe der Stelle, an der der deutsche oder rumänische Soldat fiel, zehn und für jeden verwundeten deutschen oder rumänischen Soldaten einer zu erschießen und 3 Tage lang an diesem Platz aufzuhängen."[61] Ein Befehl des II. Armeekorps vom 13. Dezember 1941 sieht als Vergeltung für eine Partisanenaktion folgende Maßnahmen vor:

„a) Die auf der Karte bezeichneten Ortschaften sind niederzubrennen,

b) die gesamte männliche Bevölkerung im Alter von 16 bis 50 Jahren ist zu erschießen."[62]

Generalmajor Eberhard, der erste Besatzungskommandant von Kiew, ließ 400 Bürger der Stadt erschießen, weil eine Nachrichtenanlage der Wehrmacht beschädigt worden war und die Täter nicht ermittelt werden konnten. Am 14. November 1941 ließ der Stadtkommandant von Charkow 50 Einwohner erschießen und 1000 weitere festnehmen, um die Bevölkerung zu veranlassen, sich an der Räumung von Minen zu beteiligen.[63] Dieses sind nur einige Beispiele für derartige von der Wehrmacht durchgeführten Terroraktionen.[64]

Charakteristisch bei diesen Aktionen ist, „daß die vom Chef des OKW festgelegten ‚Normen' häufig weit überschritten wurden und daß die Erschießungen zumeist als reine Willkürakte erfolgten, ohne daß zwischen den Opfern und dem Delikt, dessentwegen sie ermordet wurden, auch nur der geringste Zusammenhang bestand".[65]

Es fanden aber auch Massenvernichtungsaktionen statt, denen keine Widerstandsaktionen gegen das Okkupationsregime vorausgingen. Ende Juni 1941 fand eine der ersten großen Massenerschießungen in Lwow statt, „wo eine Vorausabteilung der Wehrmacht – ein Bataillon des Amtes Ausland/Abwehr unter Hauptmann Theodor Oberländer (später Bundesminister in der Regierung Adenauer) – in sieben Tagen ungefähr 5000 Menschen ermordete, darunter fast alle Intellektuellen der Stadt".[66]

Auch wenn die Durchführung der „Endlösung der Judenfrage" in den okkupierten sowjetischen Gebieten hauptsächlich der SS und dem SD oblag, so trägt die Wehrmacht aber auch hier eine Mitverantwortung. Zum einen leistete sie für die Einsatzgruppen eine wichtige Vorarbeit. Nach einem Befehl des OKH konnten von Beginn der Okkupation an in größeren Orten mit zahlreicher jüdischer Bevölkerung Gettos gebildet werden, sofern Zeit und Personal dazu ausreichen würden. Bei der Durchführung sollten Organe des Höheren SS- und Polizeiführers eingeschaltet werden.[67] Ein weiterer wichtiger Teil der Vorarbeit bestand darin, „daß die Armeebefehlshaber sofort nach dem Einmarsch in den eroberten Gebieten die Kennzeichnung der Juden und ihre Registrierung an den Wohnsitzen befahlen".[68] Teilweise kam es zu einer direkten Mitarbeit bei der Vernichtung der Juden. „So berichtete z. B. die 1. SS-Informationsbrigade, die sich im Bereich der 6. Armee, und zwar im Raum Korosten-Tschernjachow-Shitomir mit ‚Säuberungsaktionen' befaßte, am 10. August 1941 u. a.: ‚In Goroschki befindet sich III/375 (d. h. das III Bataillon des Jägerregiment 375, das zur 221. Sicherungsdivision gehörte – N. M.) und hat seit acht Tagen die Gegend gesäubert. Juden und Bolschewisten sind erschossen worden.' . . . Anfang August 1941 ließ v. Salmuth, kommandierender General des XXX. Armeekorps unter Hinzuziehung des SS-Sonderkommandos 10a alle Juden der Stadt Kodyma ermorden, wozu er 300 Mann der ihm unterstellten Truppen einsetzte."[69] Dokumente belegen auch die Massenvernichtung jüdischer Bürger durch die örtlichen Militärkommandanturen. „So ließ der Ortskommandant von Armjansk am 26. November 1941 die 14 ortsansässigen jüdischen Bürger erschießen."[70]

Nach Christian Streit hat es die Gleichsetzung Judentum = Bolschewismus ermöglicht, „Vertreter dieser Einstellung in die Judenvernichtung zu integrieren, die ansonsten dem ‚vulgären' Antisemitismus Streicherscher Prägung sehr ablehnend gegenüber standen".[71]

Welche Verbrechen gegen die Zivilbevölkerung die Wehrmacht in Erwägung zog, zeigt eine Studie aus dem Oberkommando der 18. Armee über die Möglichkeit zur Behandlung der Bevölkerung Leningrads vom 4. November 1941. Eine der angeführten Möglichkeiten bestand darin, die Stadt abzuschließen und verhungern zu lassen. Als einen der Vorteile dieser Variante wurde genannt: „Wir brauchen 4 Millionen Menschen nicht zu ernähren."[72] Ohne daß diese vollständige Blockade zustande kam, starben auch so über 600 000 Leningrader an der Folgen der 900tägigen Belagerung.

Kriegsgefangene

Grundlage für die Behandlung der sowjetischen Kriegsgefangenen waren neben dem Kommissarbefehl verschiedene Richtlinien des OKW sowie Einsatzbefehle des Chefs der Sicherheitspolizei und des SD, „die stets im Einvernehmen beider Dienststellen ausgearbeitet worden sind[73])". Die Abteilung Kriegsgefangene, die Teil des Allgemeinen Wehrmachtsamtes (AWA) im OKW war, legte am 16. Juni 1941 einen Erlaß über das „Kriegsgefangenenwesen im Fall Barbarossa" vor. In ihm ging es um die Zuständigkeiten im Kriegsgefangenenwesen im Osten sowie um die Behandlung der sowjetischen Kriegsgefangenen. Die Zuständigkeit wurde zwischen OKW und OKH geteilt[74]). Für das Operationsgebiet war das OKH (die Dienststelle des Generalquartiermeisters Wagner) zuständig, für das Reich und das Generalgouvernement sowie für die Reichskommissariate das OKW (die Abteilung Kriegsgefangene im AWA). Die Zuständigkeitsgrenze verlief also zwischen dem rückwärtigen Heeresgebiet und den Reichskommissariaten. Zunächst gelangten die Gefangenen in die dem Generalquartiermeister des Heeres unterstehenden Durchgangslager. „Zur Übernahme der Gefangenen aus dem OKH-Bereich sollten an der Ostgrenze des Wehrbereiches I (Ostpreußen) und des GG ‚Kriegsgefangenen-Übernahmestellen' eingerichtet werden; im Innern dieser Gebiete sollten Aufnahmelager vorbereitet werden, während für das gesamte übrige Reichsgebiet 19 ‚Kriegsgefangenen-Mannschafts-Stammlager' (sog. ‚Stalags') und ‚Kriegsgefangenen-Offizierslager' (sog. ‚Oflags') vorgesehen waren."[75] Die Lager in Ostpreußen und dem Generalgouvernement sollten bis zur äußersten Aufnahmekapazität Gefangene aufnehmen und durften sie nur mit besonderem Befehl des OKW ins Reich abschieben.

Dem Abschnitt über die Behandlung der Kriegsgefangenen wurde wiederum eine „Begründung" vorangestellt, die nahezu wörtlich mit den „Richtlinien für das Verhalten der Truppe in Rußland" übereinstimmte und Bedenken der Truppe abbauen sollte. Im einzelnen wurde u. a. befohlen:
– Kriegsgefangene durften „nur für die unmittelbaren Bedürfnisse der Truppe" zu Arbeiten eingesetzt werden, was gegen bestehende Kriegsrechtskonventionen verstieß, nach denen die von Gefangenen geforderten Arbeiten „in keiner Beziehung zu den Kriegsunternehmungen stehen" durften.
– Diese Arbeiten wurden nicht bezahlt.
– „Meldungen der Kriegsgefangenen an die Wehrmachtsauskunftsstelle (WASt) – die normalerweise alle Gefangenen registrierte und die Namen dem IKRK mitteilte – waren ‚nicht erforderlich'. Dies kann nur als Hinweis darauf verstanden werden, daß man im OKW bereits zu diesem Zeitpunkt mit einer überdurchschnittlichen Sterblichkeit der Gefangenen rechnete: nicht registrierte Gefangene waren ‚offiziell' überhaupt nicht vorhanden."[76]
– Weitere Bestimmungen entzogen den sowjetischen Kriegsgefangenen einen Teil jener Rechte, die durch bestehende Kriegsrechtskonventionen üblich waren.[77]

Noch schärfer waren die am 8. September 1941 vom OKW herausgegebenen „Anordnungen für die Behandlung von Kriegsgefangenen" formuliert. Die Einleitung lehnte sich an den Erlaß vom 16. Juni 1941 an, war aber wesentlich schärfer gehalten. Die Anordnungen forderten „rücksichtsloses und energisches Durchgreifen bei den geringsten Anzeichen von Widersetzlichkeit". „Widersetzlichkeit, aktiver oder passiver Widerstand muß sofort mit der Waffe (Bajonett, Kolben und Schußwaffe) restlos beseitigt werden. Die Bestimmungen über den Waffengebrauch der Wehrmacht können nur beschränkt gelten, da sie die Voraussetzung beim Einschreiten unter allgemein friedlichen Verhältnissen geben. Bei den sowjetischen Kriegsgefangenen ist es schon aus disziplinären Gründen nötig, den Waffengebrauch sehr streng zu handhaben. Wer zur Durchsetzung eines gegebenen Befehls nicht oder nicht energisch genug von der Waffe Gebrauch macht, macht sich strafbar. Auf flüchtige Kriegsgefangene ist sofort und ohne vorherigen Halteruf zu schießen."[78] Die Kommandeure der Kriegsgefangenenlager wurden persönlich dafür verantwortlich gemacht, daß diese Anordnungen auch in der geforderten Schärfe eingehalten wurden.

Ein Protest vom Chef des Amtes Ausland/Abwehr, Admiral Canaris, der sich gegen die Gefangenenbehandlung richtete, „da sie eine Vereitelung der deutschen Propaganda innerhalb der Roten Armee und allen Bemühens sowjetische Gefangene zum Überlaufen zu veranlassen, zur Folge haben müsse"[79], wurde von Keitel zurückgewiesen.

Die Planungen für die Behandlung von Kriegsgefangenen liefen schon frühzeitig an. Dabei „galt das vordringliche Interesse nicht der Frage, wie man es schaffen könne, die sich aus den erwarteten Gefangenenmassen ergebenden Probleme zu meistern und Hunderttausende oder Millionen Gefangener am Leben zu erhalten. Ausschlaggebend war die Überlegung, was man tun müsse, damit die eigenen Operationen durch diese Gefangenen nicht behindert würden und wie man das in ihnen zur Verfügung stehende Arbeitskräftepotential am schnellsten für die eigenen Verbände nutzbar machen könne".[80]

Diese Haltung mußte die Behandlung der Kriegsgefangenen wesentlich bestimmen. So beschränkte sich die Vorbereitung der Lager z. B. im wesentlichen auf die Bereitstellung von umzäunten, aber sonst unvorbereiteten Arealen. Die vorgesehenen

Rationen lagen, wie ein Versorgungsbefehl des AOK 11 (vom 29. Juni 1941) zeigt, ganz erheblich unter dem Existenzminimum. Danach sollte ein Gefangenenlager bei voller Arbeitsleistung 1300 Kalorien am Tag erhalten.[81]

Ähnlich verlief die Entwicklung beim Abtransport der sowjetischen Kriegsgefangenen. „Neben der Grundsatzentscheidung der Heeresführung, die dem Abtransport der Gefangenen mit Eisenbahn und LKWs die geringste Priorität einräumte, trug natürlich die ohnehin schlechte Transportlage dazu bei, daß bis zum Spätherbst die Fußmärsche die Regel blieben."[82] Diese Fußmärsche forderten enorme Opfer, zumal sich vielfach niemand für die Verpflegung während des Transports verantwortlich fühlte. Die Verluste beim Abtransport der Gefangenen waren außerdem so hoch, „weil Zehntausende von Gefangenen auf dem Transport erschossen wurden".[83] Das traf nicht nur Flüchtige, sondern vielfach auch erschöpfte Gefangene.

Wie schon erwähnt, war für die Unterbringung der Gefangenen kaum Vorsorge getroffen worden, was einen entscheidenden Einfluß auf die hohe Sterblichkeit hatte, besonders in den Monaten September bis November. Der Masse der Gefangenen wurde vor der naßkalten Herbstwitterung und dem heranbrechenden Winter kaum Schutz geboten. Aber auch weiterhin beeinflußte in den nicht oder nur mangelhaft geheizten Räumen die Kälte die Sterbeziffern. All diese widrigen Lebensumstände der Kriegsgefangenen führte dazu, daß im Oktober 1941 eine Fleckfieberepidemie ausbrach, der wiederum unzählige Gefangene zum Opfer fielen. „Insgesamt waren von den 3 350 000 Gefangenen des Jahres 1941 bis zum 1. Februar 1942 fast 60 Prozent ums Leben gekommen oder umgebracht worden, über 600 000 davon, wie die Berechnung der Mortalität in den einzelnen Teilen des deutschen Machtbereiches ergibt, seit Anfang Dezember 1941."[84]

Mit der Entscheidung, die sowjetischen Kriegsgefangenen zum Arbeitseinsatz im Reich heranzuziehen, verbesserte sich ihre Lage geringfügig, doch es trat keine grundsätzliche Änderung der Haltung ihnen gegenüber ein. „Es wäre jedoch ein Irrtum, daraus schließen zu wollen, daß mit dem Arbeitseinsatz die Unterdrückungspolitik gegenüber den Gefangenen aufgehört hätte."[85] Es waren keine humanitären Überlegungen, die dieser Entscheidung zugrunde lagen. Dies zeigt auch die Behandlung von schwerverwundeten Gefangenen, die nicht mehr als Arbeitskräfte einzusetzen waren und deren Behandlung zu einer Zeit verschärft wurde, als sich die Behandlung der arbeitsfähigen Kriegsgefangenen besserte. Von den Truppenführern angeregt, wurden Maßnahmen zur Liquidierung der Schwerverwundeten und -versehrten ausgearbeitet. Ein am 22. September 1942 vom Chef des OKW, Keitel, herausgegebener Erlaß forderte, „sowjetische Kriegsgefangene, die nicht arbeitsfähig nach den bisherigen Bestimmungen zur Entlassung kommen würden, (...) den territorial zuständigen Höheren SS- und Polizeiführern zu übergeben".[86]

Wie der Kriegsgefangenen-Erlaß vom 16. Juni 1941 zeigt, sollten die Kriegsgefangenen nur für die unmittelbaren Bedürfnisse der Truppe verwendet werden. Der deutschen Wirtschaft sollten keine Gefangenen als Arbeitskräfte zugeteilt werden. Das ergab sich aus der anfänglichen Überlegung, die sowjetischen Kriegsgefangenen ganz aus dem Reich fernzuhalten.[87] Am 26. August erließ das Arbeitsministerium bereits eine Sonderweisung über den Arbeitseinsatz von sowjetischen Kriegsgefangenen. Auch die OKW-Anordnungen zur Behandlung der Gefangenen enthielten einen Abschnitt für den Arbeitseinsatz im Reich, der sich aber noch auf wehrmachtseigene Arbeiten beschränkte. Am 31. Oktober 1941 wurden die Beschränkungen durch Keitel vollends aufgehoben, der die umfangreiche Verwendung von sowjetischen Gefangenen sogar in der deutschen Rüstungsindustrie befahl.[88]

Bereits im Juli 1942 arbeiteten über 200 000 sowjetische Kriegsgefangene, vor allem Facharbeiter, in Deutschland. „Bis zum Frühjahr 1943 stieg ihre Zahl auf 368 000 an (von denen etwa 100 000 in der Landwirtschaft und 90 000 in verschiedenen Zweigen der Rüstungsindustrie eingesetzt waren). Der Höhepunkt wurde Mitte 1944 mit 750 000 erreicht. Im Dezember betrug die Zahl der in Deutschland arbeitenden sowjetischen Gefangenen immer noch mehr als 630 000[89])." Einen allgemeinen Überblick über das Schicksal der sowjetischen Kriegsgefangenen gibt die nebenstehende bei Alexander Dallin abgedruckte Tabelle.

Das Schicksal der sowjetischen Kriegsgefangenen
(Stand 1. Mai 1944)[1]

	Im Gewahrsam des OKH (Besetzten Gebiet der UdSSR)	Im Gewahrsam des OKW (Reichsgebiet und Polen)	Gesamt
Gesamtzahl der Gefangenen			5 160 000[2])
Davon vom OKH ans OKW überstellt		3 110 000	
Im Gewahrsam des OKH verblieben	2 050 000		
In den Lagern registrierte Todesfälle	845 000	1 136 000	1 981 000[2])
Ins Zivilleben oder für den Militärdienst entlassen	535 000	283 000	818 000
Geflohen		67 000	
Exekutiert		473 000	
Nicht registriert	495 000		1 308 000
In Durchgangslagern verstorben oder verschwunden		273 000	
Überlebende	175 000	878 000	1 053 000
(davon als Arbeiter eingesetzt)	(151 000)	(724 000)	(875 000)

[1]) Nach OKW/AWA: Nachweisungen des Verbleibs der sowjetischen Kr.Gef. nach dem Stand vom 1. Mai 1944*. Die Aufstellung mit dem Datum des 1. Mai 1944 ist für eine Untersuchung insofern nützlich, als sie die Situation vom Vorabend der sowjetischen Offensive und der alliierten Landung in Frankreich erfaßt, die beide die Befreiung der sowjetischen Gefangenen brachten. In den restlichen Monaten (Mai 1944 bis April 1945) gab es weitere Entlassungen an militärische Hilfsverbände, wenige neue Gefangene und einige Todesfälle, während die Zahl der zur Arbeit eingesetzten Gefangenen allmählich zurückging.

[2]) Diese Zahl ist offensichtlich unvollständig und umfaßt nur „reduzierte" Gefangene. Aus zuverlässigen, aber immer noch nicht ganz vollständigen deutschen Akten läßt sich auf eine Gesamtzahl gefangengenommener Sowjetsoldaten von 5 754 000 schließen:

```
1941: 3 355 000
1942: 1 653 000
1943:   565 000
1944:   147 000
1945:    34 000
      5 754 000
```

Ausrottung sowjetischer Bürger durch die Hitlerwehrmacht in der Stadt Kertsch — 1942

Vertreibung sowjetischer Kinder und Frauen durch die Hitlerwehrmacht aus ihrer Heimat

„In der Geschichtsschreibung über den Ostkrieg und in der Erinnerungsliteratur wird das Hungersterben von mehr als zwei Millionen sowjetischer Kriegsgefangener in den ersten zwölf Monaten des Krieges – soweit davon überhaupt Notiz genommen wird – meist ohne weitere Nachprüfung auf ‚schlechte Organisation des Kriegsgefangenenwesens', auf die Unmöglichkeit solche Gefangenenmassen zu versorgen, und auf die Rückwirkungen einer Nachschubkrise an der russischen Front im Herbst 1941 zurückgeführt."[91] Die Dokumente weisen aber daraufhin, daß es im Gegensatz zu anderen sehr genauen Planungen vor Kriegsbeginn, auf dem Gebiet des Gefangenenwesens kaum Vorbereitungen gegeben hat. Schon diese Tatsache zeigt, daß die Gefangenen als Nebenproblem gesehen wurden. Dies geht auch aus der Prioritätensetzung hervor, nach der die Versorgung der deutschen Bevölkerung und die Belange der Truppe wichtiger waren, als das Leben der sowjetischen Kriegsgefangenen. Dabei spielte auch die NS-Ideologie eine wichtige Rolle. „Wenn auch unvorhergesehene Umstände zu der Vernachlässigung und Mißhandlung der Gefangenen beitrugen, so war doch hierbei der bestimmende Faktor die Untermenschthese."[92]

Schlußfolgernd zeigt Alexander Dallin anhand der Lage der Kriegsgefangenen, „daß die von der deutschen Wehrmacht verfolgte Politik nicht unbedingt oder durchweg realistischer oder humaner war als die anderer deutscher Stellen".[93]

Zusammenarbeit zwischen Wehrmacht und SS

Die Zusammenarbeit zwischen Wehrmacht und SS wurde durch einen Befehl des Oberbefehlshabers des Heeres, von Brauchitsch, vom 28. April 1941 geregelt. In ihm ging es um die Regelung des Einsatzes der Sicherheitspolizei und des SD im Verband des Heeres während des Feldzuges gegen die UdSSR. Ihre Aufgaben im rückwärtigen Armeegebiet wurden folgendermaßen definiert: „Sicherstellung vor Beginn von Operationen festgelegter Objekte (Material, Archive, Karteien von reichs- oder staatsfeindlichen Organisationen, Verbänden, Gruppen usw.) sowie besonders wichtiger Einzelpersonen (führende Emigranten, Saboteure, Terroristen usw.). Der Oberbefehlshaber der Armee kann den Einsatz der Sonderkommandos in Teilen des Armeegebietes ausschließen, in denen durch den Einsatz Störungen der Operationen eintreten können."[94] Der letzte Satz zeigt, daß die Abmachungen den SS-Einsatzgruppen durchaus nicht das „Recht" einräumte, „den Massenmord an Juden und Kommunisten bereits im Armeegebiet durchzuführen, wie dies später fast die Regel wurde".[95]

Wesentlich allgemeiner wurden die Aufgaben der Sonderkommandos im rückwärtigen Heeresgebiet formuliert: „Erforschung und Bekämpfung der staats- und rechtsfeindlichen Bestrebungen, soweit sie nicht der feindlichen Wehrmacht eingegliedert sind, sowie allgemeine Unterrichtung der Befehlshaber der rückwärtigen Heeresgebiete über die politische Lage."[96] Durch diese allgemeine Formulierung wurde der Opferkreis sehr weit gefaßt. Die Sonderkommandos sollten ihre Aufgaben in eigener Verantwortlichkeit, aber in engster Zusammenarbeit mit der Abwehr durchführen. Sie erhielten ihre fachlichen Weisungen vom Chef der Sicherheitspolizei und des SD. Hinsichtlich Marsch, Versorgung und Unterbringung waren sie der Armee unterstellt. Die Einigung über diesen Befehl kam bereits am 25. März 1941 zwischen dem Generalquartiermeister, Wagner, und dem Chef des RSHA, Heydrich, zustande. Da bis zum 28. April keine Veränderungen eingebracht wurden, schien die Einigung nicht umstritten zu sein. Hans-Adolf Jacobsen spekuliert, daß Wagner meinte, die Sicherheitspolizei und den SD sowieso nicht von den geplanten Vernichtungen abhalten zu können. Und „deshalb gab er den SS-Einsatzgruppen ‚freie Hand', um das OKH mit derartigen Terrormaßnahmen nicht zu belasten. Möglicherweise glaubte er auch, die Tätigkeit der Sonderkommandos ließe sich zumindest im Operationsgebiet unter Kontrolle halten".[97] Nach Christian Streit wollte Wagner die Einsatzgruppen gar nicht aus dem Operationsgebiet fernhalten, sondern lediglich die Modalitäten ihres Einsatzes klären.

Am 14. Juni 1941 erklärte Wagner, daß in den drei rückwärtigen Heeresgebieten jeweils zwei Einsatzkommandos, in den rückwärtigen Armeegebieten jeweils ein Sonderkommando tätig werden sollte. Die Panzergruppen bekamen keine zugeteilt. Diese Unterscheidungen hoben sich aber binnen kurzem auf: die Einsatzkommandos gingen größtenteils mit den Armeen vor, Teilkommandos auch im Verband der Panzergruppen, z. T. auf ausdrücklichen Wunsch der Befehlshaber. Die Erschießungen von Juden und Kommunisten begannen unmittelbar nach Besetzung der Ortschaften durch deutsche Truppen.[98] Die daraus ersichtliche gute Zusammenarbeit zwischen Wehrmacht und Einsatzgruppen wurde von Letzteren ausdrücklich gelobt. So heißt es z. B. in der Ereignismeldung UdSSR Nr. 128 des Chefs der Sicherheitspolizei und des SD über die Zusammenarbeit zwischen der SD-Einsatzgruppe C und der Wehrmacht: „Es ist der Einsatzgruppe gelungen, zu sämtlichen Wehrmachtsdienststellen vom ersten Tage an ein ganz ausgezeichnetes Einvernehmen herzustellen. Hierdurch wurde es ermöglicht, daß die Einsatzgruppe von Beginn ihres Einsatzes an sich niemals im Raume des rückwärtigen Heeres-Gebietes aufgehalten hat, daß vielmehr sogar von der Wehrmacht immer wieder die Bitte ausgesprochen wurde, die Einsatzkommandos möchten sich möglichst weit vorne bewegen. In sehr zahlreichen Fällen ist es sogar vorgekommen, daß von der kämpfenden Truppe die Unterstützung der Einsatzkommandos angefordert wurde. Bei jeder größeren militärischen Aktion befanden sich auch stets Vorausabteilungen der Einsatzgruppe, die mit der kämpfenden Truppe in die neueroberten Orte eingerückt sind. Es ist hierbei in allen Fällen größtmögliche Unterstützung gewährt worden."[99]

Das Entgegenkommen der Wehrmacht war also keineswegs erzwungen. Neben der im Befehl vom 28. April 1941 geregelten Hilfen der Wehrmacht für die Einsatzgruppen − Bereitstellung von Verpflegung, Treibstoff, Munition u. ä. − entwickelte sich ein System von Hilfe „die es den personell schwachen Kommandos überhaupt erst ermöglichte, die Erschießung von Zehntausenden von Opfern innerhalb weniger Monate zu ‚bewältigen'".[100]

Zu den wichtigsten Hilfen gehörte die Kennzeichnung der Juden, außerdem die nach einem Befehl des OKH geschaffene Möglichkeit, in größeren Orten mit zahlreicher jüdischer Bevölkerung Gettos zu bilden, „sofern für die damit verbundenen Arbeiten Zeit und Personal ausreichen".[101] Waren so die Voraussetzungen geschaffen, daß die Einsatzgruppen „leichte Arbeit" hatten, so halfen in einzelnen Bereichen die Truppen auch noch dabei. Besonders intensiv war diese Zusammenarbeit im Bereich der Heeresgruppe Süd. So wurden bei Shitomir im Juli 1941 2000 Juden erschossen, nachdem der Stadtkommandant bei der „Durchkämmung" der Stadt geholfen hatte. In Kiew sahen die Einsatzgruppen die Erschießung von mindestens 50 000 Juden vor. Die Wehrmacht begrüßte dieses Vorhaben und erbat radikales Vorgehen. Außerdem befürwortete der Stadtkommandant die öffentliche Hinrichtung von 20 Juden. Am 29. und 30. September wurden dann von den Einsatzgruppen 33 771 Juden in der Schlucht bei Babi Jar ermordet. Die „Aktion" wurde in täglichen Besprechungen mit Wehrmachtsstellen vorbereitet. Zumindest in einem Fall wurde Soldaten im Bereich der Heeresgruppe Süd die Teilnahme an Exekutionen befohlen: „Als Truppen des AOK 6 Mitte Juli in Luck die verstümmelten Leichen von zehn deutschen Soldaten fanden, wurde vom SK 4 a (SK = Sonderkommando) zur Vergeltung (. . .) unter Hinzuziehung eines Zuges Ordnungspolizei und eines Zuges Infanterie 1160 Juden erschossen.[102]

Aus einem Bericht des XXX. Armeekorps vom 2. August 1941 geht hervor, daß für eine Aktion im Judenviertel von Kodyma das SS-Einsatzkommando 10a herangezogen wurde. „Die Aktion wurde unter Führung des SS-Hauptsturmführers Prast und unter Hinzuziehung von 300 Angehörigen verschiedener Truppenteile zur Absperrung des in Frage kommenden Stadtviertels durchgeführt." 98 Personen wurden erschossen, 40 als Geiseln festgenommen.[103]

Auf Antrag des XXVIII. Armeekorps vom 20. Dezember 1941 sollten unter Einsatz eines SD-Kommandos 230–240 Insassen der Heilanstalt Makarjewo ermordet werden. In dem Antrag hieß es: „Es kommt dazu, daß die Insassen der Anstalt auch im Sinne deutscher Auffassung Objekte nicht mehr lebenswerten Lebens darstellen."[104] Am 26. Dezember 1941 gab der Oberbefehlshaber der 18. Armee seine Zustimmung zu diesem Antrag.[105]

Auch bei der Partisanenbekämpfung kam es zu einer engen

Zusammenarbeit zwischen Wehrmacht und SS. Von November 1942 bis Dezember 1943 fanden allein in Belorußland elf sogenannte Strafexpeditionen gegen Partisanen und Zivilbevölkerung statt, an der Polizei-, SS- und Wehrmachtseinheiten teilnahmen. Eine der größten Aktionen war die „Operation Sternlauf", die im Brjansker Gebiet unmittelbar hinter der Front durchgeführt wurde. SS und Polizei, darunter eine SS-Kavalleriedivision, waren direkt dem XXXXI. Panzerkorps unterstellt. Die Leitung lag bei Generaloberst Model, dem Oberbefehlshaber der 9. Armee.[106]

Eine enge Zusammenarbeit zwischen Wehrmacht und SS kam auch bei der „Säuberung" der Kriegsgefangenenlager zustande. Am 17. Juli erließ der Chef des RSHA, Heydrich, seinen „Einsatzbefehl Nr. 8" mit Richtlinien über die Säuberung der Gefangenenlager, in denen Russen untergebracht waren. Der Befehl sollte sich zunächst auf Ostpreußen und das Generalgouvernement beschränken, da nach den Planungen zunächst nur dort sowjetische Gefangene untergebracht werden sollten. Nach dem Befehl hatten Einsatzkommandos der Sicherheitspolizei und des SD genau definierte Gruppen der Gefangenen „auszusondern" und zu liquidieren. Eine Mitarbeit der beteiligten Wehrmachtsstellen wurde durch einen Befehl der Abteilung Kriegsgefangene im OKW erreicht.

Das Wehrmachtspersonal in den Gefangenenlagern hatte eine „grobe Trennung" der Gefangenen in fünf Kategorien vorzunehmen:

„1. Zivilpersonen;

2. Soldaten (auch solche, die zweifellos Zivilkleider angelegt haben);

3. politisch untragbare Elemente aus 1. und 2.;

4. Personen aus 1. und 2., die besonders vertrauenswürdig erscheinen und daher für den Einsatz zum Wiederaufbau der besetzten Gebiete verwendungsfähig sind;

5. Volkstumsgruppen innerhalb der Zivilpersonen und Soldaten."[107]

Die weitere Aussonderung der unter 3. und 4. fallenden Personen sollte durch die Einsatzkommandos vorgenommen werden.

Die Wehrmachtsangehörigen hatten auch hier engstens mit ihnen zusammenzuarbeiten. „Elemente", die „ausgesondert" werden sollten, waren: „alle bedeutenden Funktionäre des Staates und der Partei, insbesondere Berufsrevolutionäre, die Funktionäre der Komintern, alle maßgebenden Parteifunktionäre der KPdSU und ihrer Nebenorganisationen in den Zentralkomitees, den Gau- und Gebietskomitees, alle Volkskommissare und ihre Stellvertreter, alle ehemaligen Politkommissare in der Armee, die leitenden Persönlichkeiten der Zentral- und Mittelinstanzen bei den staatlichen Behörden, die führenden Persönlichkeiten des Wirtschaftslebens, die sowjetischen Intelligenzler, alle Juden, alle Personen, die als Aufwiegler oder als fanatische Kommunisten festgestellt werden."[108]

Am 12. September 1941 modifizierte Heydrich seinen Befehl vom 17. Juli 1941 durch eine Ergänzung. Es wurde eine genauere Definition der „Gegner"-Kategorien vorgenommen. „In dieser ‚Ergänzung' wies Heydrich einleitend mit Nachdruck darauf hin, daß die Aufgabe, ‚zuverlässige Elemente (. . .) für den Wiederaufbau der Ostgebiete' auszusuchen ebenso wichtig sei, wie die Selektion der ‚untragbaren' Gefangenen."[109] An dieser Stelle wird das Ausmaß der bereits durchgeführten Vernichtungsaktionen deutlich. Auch der Begriff „Intelligenzler" wurde näher definiert, nachdem vorher offenkundig oft alle Gefangenen erschossen worden waren, die eine etwas bessere Bildung hatten. „In erster Linie seien ‚Berufsrevolutionäre, Schriftsteller, Redakteure, Komintern-Angestellte' usw. zu liquidieren. Auch dies ist vermutlich auf einen Einfluß des Ostministeriums zurückzuführen, wo man sich darüber klar war, daß man zur Nutzung der Infrastruktur der sowjetischen Gebiete auf ein Mindestmaß an ‚sowjetischer Intelligenz' angewiesen war."[110]

Der Befehl des OKW zu den Richtlinien Heydrichs vom 17. Juli 1941 schloß die Lager im Operationsgebiet, die dem OKH unterstanden, ein. Das OKH war in diesem Falle aber nicht bereit, die Kompetenzen der Einsatzgruppen zu erweitern, und erließ am 24. Juli 1941 einen Befehl, der das Tätigwerden der Einsatzkommandos im Operationsgebiet ausschloß. Gleichzeitig wurde aber, ähnlich wie im OKW-Befehl vom 17. Juli 1941, eine

„Aussonderung" der Gefangenen in verschiedenen Gruppen befohlen, wobei die Gruppe der zu Liquidierenden kleiner war. „Der Befehl Wagners, forderte ‚nur' die Vernichtung der ‚echten', der politischen Gegner. Die Richtlinien Heydrichs dagegen forderten, den Postulaten der reinen NS-Lehre folgend, auch die Vernichtung der Juden als der ‚biologischen Wurzel' des Bolschewismus und darüber hinaus all derer, die zur ‚Intelligenz' im umfassenden Sinne gehörten und die vielleicht einmal eine für Deutschland gefährliche Führerschicht bilden können."[111]

Am 7. Oktober 1941 hob die Heeresführung das Verbot auf, den SD-Kommandos Zutritt zu den Lagern in ihrem Gebiet zu gewähren und übernahm die seit Juli im OKW-Bereich geübte Praxis.

Schätzungsweise sind im Reichsgebiet (ausschließlich Ostpreußen) mindestens 50 000 sowjetische Kriegsgefangene liquidiert worden. Im übrigen Gebiet müssen mindestens 580 000 bis 600 000 Gefangene als vom SD exekutiert gelten. „Das bedeutet, daß insgesamt mindestens jeder zehnte sowjetische Kriegsgefangene von SS-Kommandos an der Front oder in den KZs ermordet wurde."[112]

Die in Otto Bräutigams Erinnerungen enthaltene Feststellung: „Das OKW sei daran unbeteiligt, müsse befehlsmäßig die Tätigkeit des SD in den Lagern dulden und könne nur versuchen, mildernd einzuwirken"[113], ist durch nichts zu belegen.

Nach Christian Streit zeigt sich, „daß hier mit der gängigen Klassifizierung der Generalität nicht viel anzufangen ist: der ‚ausgesprochen konservative' von Rundstedt, der vorgebliche Nur-Fachmann von Manstein, der Nationalsozialist von Reichenau, der konservative Widerständler von Stülpnagel: in ihrem Verhältnis zu den Mordkommandos gibt es nur graduelle Unterschiede."[114]

Beteiligung der Wehrmacht an der wirtschaftlichen Ausbeutung der okkupierten sowjetischen Gebiete

Die Wehrmacht sollte beim Feldzug gegen die UdSSR weit

stärker in die wirtschaftliche Ausbeutung einbezogen werden, als dies bei den vorangegangenen Kriegen der Fall war. „Die Richtlinien der ‚Grünen Mappe' waren dementsprechend zunächst in der Hauptsache als Orientierung der militärischen Führungsstäbe und der wirtschaftlichen Ausbeutungsorgane während der Kampfhandlungen gedacht. Der Einsatz der Wehrmacht als Instrument zur ökonomischen Ausplünderung der sowjetischen Gebiete war jedoch auch nach dem Abschluß der militärischen Operationen als langfristige Maßnahme vorgesehen. Die noch vor dem Überfall erlassene Weisung Nr. 32 enthielt unter den sich nach der ‚siegreichen Beendigung des Ostfeldzuges' ergebenden strategischen Aufgaben an erster Stelle die Forderung: ‚der neu gewonnene Ostraum muß organisiert, gesichert und unter voller Mitwirkung der Wehrmacht wirtschaftlich genutzt werden."[115]

Durch einen Erlaß Hitlers vom 29. Juni 1941 bekam Göring als Beauftragter für den Vierjahresplan die uneingeschränkte Kompetenz für alle Maßnahmen zur Ausnutzung des sowjetischen Wirtschaftspotentials zugunsten der deutschen Kriegswirtschaft. Über den Wirtschaftsführungsstab Ost gab er seine Weisungen sowohl an die Wehrmacht als auch an die Organe der Zivilverwaltung. Dem Wirtschaftsführungsstab Ost, dessen Direktiven für alle Bereiche des wirtschaftlichen Ausbeutungsapparates galten, war als zentrales Exekutivorgan der Wirtschaftsstab Ost unmittelbar untergeordnet. Bereits während der Kampfhandlungen sollte er den Raub ökonomischer Reserven organisieren und ihre weitere Ausbeutung vorbereiten. „Aus diesem Grunde wurde der Wirtschaftsstab als eine militärische Organisation durch das WiRüAmt des OKW aufgebaut und gleichzeitig mit entsprechenden Fachleuten durchsetzt."[116]

Als dem Wirtschaftsstab Ost nachgeordnete Dienststellen wurden in den besetzten sowjetischen Gebieten unter der Bezeichnung „Wehrwirtschaftsorganisation Ost" bei den einzelnen Armeen spezielle Wirtschaftsabteilungen eingesetzt (Abt. IV Wi), die die Versorgung der Truppe aus dem Land organisieren sollten und seine wirtschaftliche Ausplünderung im größeren Maßstab vorzubereiten hatten.

Wirtschaftsinspektionen, die bei den Befehlshabern der rückwärtigen Heeresgebiete bestanden und von ihnen auch Weisungen empfangen konnten, „befaßten sich besonders mit der Erfassung landwirtschaftlicher und industrieller Erzeugnisse im rückwärtigen Heeresgebiet, mit der Ingangsetzung von Produktionsstätten für den Wehrmachtsbedarf und mit der Organisierung der Zwangsarbeit der Bevölkerung".[117]

Das System der wirtschaftlichen Ausbeutung wurde bis auf die unterste Ebene organisiert. Bei den Feldkommandanturen wurden Wirtschaftsgruppen (Gruppen IV Wi) gebildet. Den Sicherungsdivisionen wurden spezielle Wirtschaftskommandos zugeteilt. Auch in den Reichskommissariaten wurden Rüstungsinspektionen, die später in Wehrwirtschaftsinspektionen umbenannt wurden, errichtet. „Sie waren dem WiKüAmt unterstellt und vertraten spezielle Belange der Wehrmacht und der Rüstung in diesem Bereich, wobei sie mit den Wehrwirtschaftsabteilungen der Reichskommissariate zusammenarbeiteten."[118]

Die Tätigkeit der operativen Organe des Wirtschaftsstabes Ost wurde weitgehend von den Forderungen der Wehrmacht bestimmt. Die Wehrmachtsversorgung machte den Hauptbestandteil ihrer Arbeit aus. Denn schon in der „Grünen Mappe" wurde festgelegt, daß die Wirtschaftsdienststellen den Kommandostellen der Wehrmacht, bei denen sie eingesetzt sind, für Zwecke der Wehrmachtsversorgung zur Verfügung zu stehen haben. Andererseits sollten die Wirtschaftsdienststellen tatkräftig von der Truppe und allen militärischen Dienststellen unterstützt werden. Befehlsweg für die militärischen Wirtschaftsorgane siehe Schema auf nachfolgender Seite.

Im April 1943, vor der Sommeroffensive der Wehrmacht, wurde auf Weisung der Operationsabteilung im Generalstab des Heeres über die bestehenden Erfassungsorgane hinaus eine „Erfassungs- und Beutestab OKH" sowie entsprechende Stäbe bei den Armeen gebildet. Ihre Aufgabe bestand in der sofortigen Erfassung, dem Abtransport und der Verteilung der anfallenden Kriegsgefangenen und materieller Güter. Er wurde mit weitreichenden Vollmachten versehen.

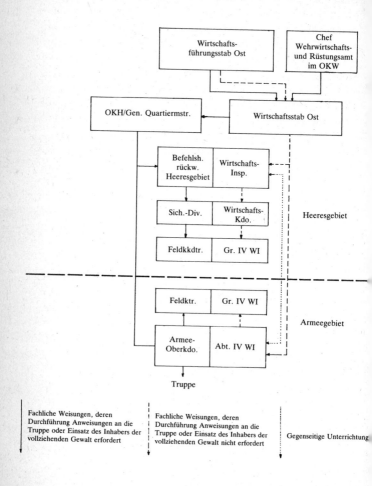

Zwangserfassung wirtschaftlicher Güter

Dieser Abschnitt beschränkt sich auf die Zwangserfassung landwirtschaftlicher Güter, da sie die Bevölkerung am unmittelbarsten traf und die negativsten Folgen für sie hatte. Bei der Zwangserfassung landwirtschaftlicher Güter für den Versorgungsbedarf des Reiches und der Wehrmacht wurden Tausende von Hungertoten unter der sowjetischen Zivilbevölkerung eingeplant. So hieß es in der Niederschrift einer Besprechung beim Chef des Wehrwirtschafts- und Rüstungsamtes des OKW über den bisherigen Einsatz und die weitere Tätigkeit der Wirtschaftsorganisation Ost vom 31. Juli 1941: „Die Intelligenz ist totgeschlagen, die Kommissare sind weg. Große Gebiete werden sich selbst überlassen bleiben müssen (verhungern)"[119], und in dem Protokoll einer Besprechung des Befehlshabers des rückwärtigen Heeresgebietes Süd mit dem Leiter der Wirtschaftsinspektion Süd vom 6. November 1941 wird festgestellt: „Die Ernährung der Bevölkerung muß bis zu einem gewissen Grade sichergestellt sein, da wir sie zur Arbeit heranziehen müssen. Wer für uns arbeiten soll aus Industrie und Handel, darf nicht absolut verhungern. Es handelt sich hier nicht um eine humanitäre Angelegenheit, sondern um eine reine Zweckmäßigkeitsmaßnahme im deutschen Interesse . . . für die Werkschaffenden wird gesorgt – wenn auch nur durch geringe Zuteilung –, nicht aber für die Familien und Nichtschaffenden."[120]

Auf der Basis dieser Grundeinstellung gingen die Wirtschaftsorgane an die Ausplünderung der sowjetischen Landwirtschaft. Der Bericht, den der Rüstungsinspekteur für die Ukraine am 2. Dezember 1941 an den Leiter des WiRüAmtes des OKW, General Thomas, sandte, zeigt, welche Mittel zur Lebensmittelbeschaffung angewandt wurden:

„1. Durch Ausmerzung überflüssiger Esser (Juden, Bevölkerung der ukrainischen Großstädte), die wie Kiew überhaupt keine Lebensmittel erhalten;

2. durch äußerste Reduktion der den Ukrainern der übrigen Städte zur Verfügung gestellten Rationen;

3. durch Verminderung des Verzehrs der bäuerlichen Bevölkerung."[121]

Die Ablieferungsquoten für landwirtschaftliche Güter, die für die bäuerliche Bevölkerung festgesetzt wurden, überstiegen selbst nach der Auffassung einiger Okkupationsdienststellen die Grenze des Möglichen. Allein in Estland liefen 27 000 Strafverfahren wegen Nichterfüllung der Zwangsauflagen.[122]

Die Erfassungskommandos, die in den Dörfern darangingen, die zentral festgelegten Mengen an landwirtschaftlichen Gütern zu requirieren, waren auf den Schutz der Wehrmacht angewiesen, um sich gegen den Widerstand der Bevölkerung durchzusetzen. Aus einer Aktennotiz über eine Beratung im OKW zur restlosen Erfassung von Getreide in der Ukraine vom 28. Mai 1942 geht der Bedarf an Sicherungskräften für die Zwangserfassungen hervor: „Der Wehrmachtsbefehlshaber Ostland schätzt seinen Bedarf an zusätzlichen Sicherungskräften auf 3 Batl. und 1 Batterie. Der Wehrmachtsbefehlshaber Ukraine fordert je Gebietslandwirt. 1 Komp., im ganzen 80 Komp. GenQu fordert 2 Sicherungsdivisionen und 49 Lds.Sch.Batl.)"[123]

Aber auch die militärischen Erfassungskommandos waren vor Widerstand nicht sicher. Dieser wurde mit drakonischen Strafmaßnahmen verfolgt. Als z. B. ein Kommando des Korpsstabes zur Beitreibung von Verpflegung von Partisanen überfallen wurde, wurden als Vergeltung auf Befehl des II. Armeekorps die Ortschaften der Gegend niedergebrannt und die gesamte männliche Bevölkerung im Alter von 16 bis 50 Jahren erschossen.[124]

Eine andere Methode, die Zwangserfassung gegen den Widerstand der Bevölkerung durchzusetzen, war ihre Koppelung mit sog. „Befriedungsaktionen" gegen Partisanen. Der Befehlshaber des rückwärtigen Heeresgebietes Mitte bat am 23. Juni 1942 „die Herren Divisionskommandeure, bei der Vorbereitung von Befriedungsunternehmen der von den Partisanen besonders beunruhigten Gebiete dafür zu sorgen, daß auch alle erforderlichen Maßnahmen für die Erfassung der Landesvorräte in diesen Räumen eingehend getroffen werden".[125]

Die Wehrmacht beteiligte sich aber nicht nur an den „offiziellen" Zwangserfassungsaktionen, sondern setzte die Forderung, sich vollständig aus den besetzten Gebieten zu ernähren, auch mittels wilder Requisitionen durch. „So befahl das Kommando der 12. Panzerdivision für seinen Bereich den Raub des gesamten Viehs, einschließlich der Pferde und des Geflügels, sämtlicher im Besitz der Bevölkerung befindlichen Nahrungsmittel und aller Gebrauchsgegenstände bis zum Bettlaken und Tischtuch."[126] Nach Angaben des AOK 6 wurde die Truppe „durch gewaltsame Beitreibungen aus Charkow mit Pelzen versorgt. Ihr Armeegebiet sei bis zu einer Tiefe von 100 km „leergefressen". Das AOK 16 stellte fest, daß, wirtschaftlich betrachtet, „das Armeegebiet eine absolute Wüste ohne Hinterland" sei.[127]

Als Folge dieser rigorosen Ausraubung brachen im Herbst 1941 Hungersnöte unter der Bevölkerung aus. Allein im Winter 1941/42 verhungerten Hunderttausende Menschen oder gingen an Mangelkrankheiten und Seuchen zugrunde. „Allein in der Stadt Charkow starben von Januar bis März 1942 fast 23 000 Menschen."[128] Zur Verantwortung für die Ausplünderung der besetzten Gebiete schreibt Otto Bräutigam, daß sie gleich nach der Eroberung durch die Organe des Wi-Stabes Ost, die bei allen militärischen Verwaltungsstellen sofort eingebaut wurden, einsetzten. Die Zivilverwaltung, so Bräutigam, hätten die Gebiete schon stark „überplündert" übernommen.[129] Was sie nicht hinderte, weiterzumachen.

Zwangsarbeiter

Nachdem am 21. März 1942 im Rahmen des Vierjahresplans das Amt eines Generalbevollmächtigten für den Arbeitseinsatz (GBA) geschaffen worden war, an dessen Spitze Fritz Sauckel trat, entwickelte sich sehr bald eine rege Zusammenarbeit zwischen ihm und der Wehrmacht. Nach einer Verfügung des OKW vom 24. April 1942 bediente sich der GBA für die Durchführung seiner Aufgaben zur Beschaffung von Arbeitskräften im Operationsgebiet Ost der bestehenden militärischen Wirtschaftsorganisation. Hierzu wurden die vom GBA in diesem Gebiet eingesetzten Beauftragten, soweit sie einen Rang als Offizier hatten, mit diesem Rang sonst als Sonderführer des Heeres zur Wehrmacht einberufen."[130] Ehemalige gediente Soldaten wurden bevorzugt.

Vom Zeitpunkt ihrer Einberufung an waren die Beauftragten dem Wirtschaftskommando militärisch und wirtschaftlich unterstellt, zu dem sie kommandiert wurden.

Ihre dienstliche Verwendung und fachliche Tätigkeit hatte sich ausschließlich nach den Anordnungen des GBA zu richten, die aber über den Wirtschaftsstab Ost – Wirtschaftsinspektion an die Wirtschaftskommandos weitergegeben werden sollten.

Ein Befehl des OKH vom 10. Mai 1942 forderte, die Beschaffung sowjetischer Arbeitskräfte wesentlich zu steigern und zu beschleunigen. Für diese Aufgabe seien die Organisation der Arbeitseinsatzdienststellen und die „Werbekommissionen" des GBA allein nicht ausreichend. „Es genügt nicht, die Werbemaßnahmen auf die mit Arbeitseinsatzdienststellen besetzten städtischen Bezirke zu beschränken. Vielmehr mußten im breitestem Ausmaß auch die auf das Land abgewanderte Stadtbevölkerung erfaßt werden sowie die einheimische Landbevölkerung, soweit sie von den zuständigen landwirtschaftlichen Dienststellen als entbehrlich freigegeben wird. Dies setzt eine maßgebliche Mitwirkung der militärischen und landeseigenen Verwaltungsstellen (. . .) voraus."[131] In diesem Befehl wurde zwar gefordert, der Arbeitseinsatz im Reich solle freiwillig sein, doch: „Wo die Zahl der Bewerber jedoch hinter den Erwartungen zurückbleibt, werden die betreffenden Gemeinden Mindestauflagen zu erfüllen haben[132])." Da die Zahl ständig hinter den Erwartungen zurückblieb, wurden den Gemeinden hohe Mindestauflagen gestellt. Weigerten sich die Menschen, der zwangsweisen Arbeitsverpflichtung nachzukommen, so drohten ihnen schwere Strafen.

Zu der Anwendung der Prügelstrafe trat seit etwa Anfang Oktober 1942 das Niederbrennen der Gehöfte bzw. ganzer Dörfer als Vergeltung für die Nichtbefolgung der an die Gemeinden ergangenen Anforderungen zur Bereitstellung von Arbeitskräften.[133] Oft wurden auch anstelle der nicht erschienenen Dienstverpflichteten deren nächste Angehörige zum Arbeitseinsatz herangezogen. „Als in Korsun (Gebiet Tscherkassk) 200 für die Zwangsarbeit in Deutschland bestimmte Jugendliche flüchteten, wurde ein Teil ihrer Familienangehörigen verhaftet und nach Ablauf einer Woche erschossen."[134]

Als die Anforderungen immer höher wurden, begann man seit dem Herbst 1942 neben den bisherigen Maßnahmen den Kampf gegen die Partisanen für die Beschaffung von Arbeitskräften zu nutzen. Wurde bisher das Prinzip verfolgt, außer den Partisanen auch alle „Verdächtigen" zu liquidieren, so wurden nunmehr große Teile der arbeitsfähigen Bevölkerung der Partisanengebiete zur Zwangsarbeit verschleppt. Am 8. Juli 1943 wurde der Kriegsgefangenenstatus auf Zivilisten ausgedehnt, die bei Aktionen gegen Partisanen gefaßt wurden. Man brachte sie nach Deutschland zur Zwangsarbeit.[135]

Eine andere Vorgehensweise gegen die Bevölkerung in Partisanengebiete bestand darin, sie in Konzentrationslager zu bringen, wo sie nach dem Prinzip „Vernichtung durch Arbeit" vernichtet werden sollten. Der Wehrmachtsführungsstab des OKW erteilte am 14. März 1943 unter Hinweis auf eine von Himmler für die SS-, SD- und Polizeidienststellen ergangene Weisung folgende Anordnung: „Bandenhelfer sind, soweit sie nicht erschossen bzw. erhängt ... werden, zwecks Überführung in Konzentrationslager den zuständigen, Höheren SS- und Polizeiführern zu übergeben.[136] Wie dieser Befehl umgesetzt wurde, zeigt das Beispiel der 3. Panzerarmee unter Generaloberst Hans Reinhardt. Im Kriegstagebuch der Armee heißt es über das im Oktober/November im Raum Witebsk durchgeführte Großunternehmen „Heinrich": „MVR (Militärverwaltungsrat – N. M.) Behnisch, Leiter der Gruppe Arbeit des Wikdo 206 Witebsk, berichtet ... über ... beabsichtigten Abtransport der bei diesem Unternehmen gemachten (!) Zivilisten. Es soll die gesamte wehr- und arbeitsfähige Bevölkerung, die erfaßt wird, ... den Konzentrationslagern Lublin und Auschwitz zugeführt werden."[137]

Als diese Maßnahmen immer noch nicht ausreichten, den Arbeitskräftebedarf zu decken, erließ das OKH am 6. Februar 1943 eine Verordnung, mit der alle Bewohner des Operationsgebietes zwischen dem vollendeten 14. und 65. Lebensjahr der öffentlichen Arbeitspflicht nach Maßgabe ihrer Arbeitsfähigkeit unterlagen. Die Arbeitspflicht konnte sich auch auf Arbeitsleistungen außerhalb des gewöhnlichen Wohnortes oder außerhalb des Operationsgebietes erstrecken.[138] Jetzt wurden überall in den besetzten Gebieten ganze Jahrgänge ausgehoben. So befahl eine Anweisung der 6. Armee vom 10. April 1943, alle weiblichen Angehörigen der Jahrgänge 1924–25 im Armeegebiet zu mustern und ins Reich abzutransportieren.[139]

Durch einen Befehl des Oberkommandos der 2. Armee vom 24. Juni 1943 wurde die für den gesamten Bereich der Heeresgruppe Mitte geforderte Aushebung sämtlicher Männer und Frauen des Jahrgangs 1925 für den Arbeitseinsatz in Deutschland weitergegeben.[140] Insgesamt wurden 4978 Millionen sowjetischer Zwangsarbeiter (ohne Berücksichtigung der Gefangenen) nach Deutschland verschleppt.[141] Hierfür war, entgegen Alexander Dallins Behauptung, auch die Wehrmacht verantwortlich.[142]

Die sowjetische Bevölkerung wurde aber nicht nur nach Deutschland zur Arbeit gebracht, sondern mußte in den besetzten Gebieten auch für die Wehrmacht arbeiten, z. T. für die unmittelbare Kriegführung, was gegen das Völkerrecht verstieß. Diese Praxis war von Anfang an gang und gäbe. In einem Befehl der 20. Infanteriedivision (mot.) vom 17. September 1941 heißt es u. a.: „Alle Männer von 15 bis 55 müssen sich am 17. September bis 13 Uhr (1 Uhr) vor der Kommandantur versammeln. Sie werden zur Arbeit fortgebracht werden . . . alle männlichen Einwohner, welche diesen Befehl nicht befolgen und in Schlüsselburg oder im Umkreis der Stadt bis zu 10 km oder auf dem östlichen Ufer der Newa getroffen werden, werden erschossen."[143] Durch eine Anordnung des Befehlshabers des rückwärtigen Heeresgebietes Süd vom 8. Februar 1942 wurde die gesamte Zivilbevölkerung dazu gezwungen, ob Schneesturm oder Kälte herrscht, die Nachschubwege freizuhalten.[144] Ein Befehl des XXIX. Armeekorps vom 24. Januar 1943 besagte, „alle Männer und Frauen zwischen 16 und 60 zu erfassen, in Arbeitskommandos einzuteilen und zum Stellungsbau heranzuziehen".[145]

Es gab Fälle, in denen Landeseinwohner über Minenfelder getrieben wurden. So berichtete das Landes-Schützenbataillon 665 an den Kommandanten des rückwärtigen Gebietes der 16. Armee: „Auf dem Weg nach Issurjewo wiesen Tafeln mit russischer Aufschrift auf Minengefahr hin. Das Gelände wurde, Zivilpersonen voraus, ohne Schaden durchschritten."[146]

Die Strategie der „verbrannten Erde" bei den Rückzügen

Die „zurückweichenden Truppen brandschatzten, plünderten, liefen häufig Amok, das alles mit oder ohne den Segen ihrer Vorgesetzten".[147] Während der Rückzüge der Wehrmacht steigerten sich die wirtschaftliche Ausplünderung der besetzten sowjetischen Gebiete und die Zwangsverschleppungen der Bevölkerung noch. Außerdem spielten entsprechend dem Befehl des Oberbefehlshabers der 6. Armee, v. Reichenau, vom 10. Oktober 1941 „weder geschichtliche noch künstlerische Rücksichten ... im Ostraum eine Rolle".[148] So wurden beim Rückzug viele Baudenkmäler und Kunstschätze – die Anlagen in Peterhof, Puschkino, Pawlowsk, um nur einige zu nennen – entweder unmittelbar auf Befehl der militärischen Führungsorgane oder aber mit ihrer aktiven Unterstützung, zerstört.

Bereits bei den ersten Rückzügen im Dezember 1941, Januar 1942 vor Moskau, gaben militärische Führungsstellen, so z. B. in der 7. Panzerdivision am 29. Dezember 1941, Befehle heraus, in denen die restlose Zerstörung und Ausplünderung der zu räumenden Gebiete befohlen wurde.[149] Bei den großen Rückzügen der Wehrmacht seit 1943 wurde dieses Verfahren der „verbrannten Erde" sehr breit angewandt. Viele Dokumente zeugen davon.[150] Am 1. Juni 1944 erließ der Chef des Wirtschaftsstabes Ost eine Wirtschaftsräumungsordnung, die die seit dem 5. August 1943 in Kraft befindliche ablöste. Nach ihr wurden die beim Rückzug ergriffenen Maßnahmen in vier Teile gegliedert.: Auflockerung, Räumung, Lähmung und völlige Zerstörung.[151] Dieses System war im Zusammenhang mit der zeitlichen Reihenfolge seiner Durchführung nach Dringlichkeitsstufen gegliedert. Seine Hauptphasen bildeten Räumung und Zerstörung. In besonders wichtigen kriegswirtschaftlichen Fällen behielt sich die oberste Führung und Hitler persönlich die Inkraftsetzung dieser Maßnahmen vor. Ansonsten lag die Entscheidung hierüber vor allem bei den an Ort und Stelle befindlichen militärischen Führungsstäben. „Als zentrales Lenkungsorgan fungierte hierbei der Wirtschaftsstab Ost, dessen Chef, General Stapf, darüber hinaus im September 1943 von Göring mit der unmittelbaren Gesamtleitung der Räumungs- und Zerstörungsmaßnahmen auf landwirtschaftlichem Gebiet beauftragt wurde."[152]

Die Zerstörungsmaßnahmen wurden grundsätzlich nur von militärischen Einheiten der Wehrmacht sowie der SS und Polizei durchgeführt. Es bestand bei diesem Vorgehen eine Aufgabenteilung, nach der die Zerstörung selbst in der Hauptsache Angelegenheit der Truppe einschließlich SS und Polizei, ihre Vorbereitung sowie die Auflockerung und Räumung Aufgabe vor allem des Wirtschaftsapparates war. Der Chef des WiRüAmtes, General Thomas, hob in einer Gesamteinschätzung hervor, „daß nur durch das Vorhandensein der eingearbeiteten Wehrwirtschaftsorganisation und ihrer Verteilung über das gesamte russische Gebiet es geglückt ist, die Räumung an Menschen und Wirtschaftsgütern noch so erfolgreich durchzuführen, wie es der Fall gewesen ist."

Die Befehle und Weisungen der einzelnen militärischen Organe zeigen, daß sich die Zerstörung nicht nur auf militärisch wichtige Objekte bezogen. So wies der Oberquartiermeister der 6. Armee am 6. September 1943 die unterstellten Armeekorps an: „Soweit durch die Truppe bei etwaiger weiterer Absetzbewegung Vieh angetroffen wird, dessen Zurückführung nicht mehr gewährleistet ist, ist es zu erschießen. Unzerstörte Orte oder Wohnungsunterkünfte, ebenfalls Erntevorräte sind durch Feuer zu vernichten."[153] Durch diese „flächendeckende" Zerstörung wurden ganze Städte praktisch vernichtet. „In Wjasma standen nach dem faschistischen Rückzug von 5500 Gebäuden nur noch 51. In Gshatsk waren 300 und in Rshew 459 Häuser erhalten geblieben. Zerstört waren auch alle berühmten Baudenkmäler, darunter die Kirchen. Allein aus den drei genannten Städten hatte man 15 000 Einwohner verschleppt. Nicht anders sah es in den ländlichen Gebieten aus. Im Raum Sytschewka hatten die Okkupanten 137 der insgesamt 248 Ortschaften niedergebrannt."[154]

Hatte die sowjetische Bevölkerung schon genug unter den Zerstörungen zu leiden, so wurde sie beim Rückzug der Wehrmacht von dieser auch noch vor sich hergetrieben. Nach einem Befehl des Oberkommandos der Heeresgruppe Süd vom 22.

August 1943 durfte die wehrfähige Bevölkerung unter keinen Umständen zurückgelassen werden.[155] Und so erreichte die Zwangsvertreibung der sowjetischen Bevölkerung ihren ersten Höhepunkt während des Rückzuges der Heeresgruppe Süd im Herbst 1943, als nach Angaben von Carell mehrere Hunderttausend Angehörige der Zivilbevölkerung mitgeschleppt wurden.

Nach einer Anweisung des Befehlshabers des rückwärtigen Heeresgebietes Nord vom 21. September 1943 sollten etwa 900 000 Sowjetbürger hinter die Panther-Stellung verschleppt werden.[156] In einer weiteren Weisung vom 16. Oktober 1943 forderte er, „daß bei Beginn der Evakuierung im Bereich jeder SichDiv. in entsprechend gelagerten Fällen einige wenige Exempel statuiert werden, damit die Bevölkerung erkennt, daß auch die Flucht in die Wälder ihr Nachteile bringt".[157]

Ein weiteres grausames Kapitel des Rückzuges, auf das im Rahmen dieser Arbeit nicht weiter eingegangen werden kann, war der im Sommer 1944 unternommene Versuch, Zehntausende von Kindern im Alter von 10 bis 14 Jahren nach Deutschland zu verschleppen. „Der Vorschlag hierzu wurde im Mai 1944 von dem Oberbefehlshaber der 9. Armee, General Jordan, gemacht und von der Heeresgruppe Mitte (Busch) sofort aufgegriffen."[158]

Diese wie auch andere Aktionen beim Rückzug konnten aus Mangel an Zeit sowie an Exekutivkräften nicht immer vollständig, wie befohlen, durchgeführt werden. Außerdem kann festgestellt werden, „daß die unterstellten Truppenbefehlshaber und insbesondere die mit der Durchführung im einzelnen beauftragten Offiziere und Soldaten diese Befehle nicht in jedem Fall buchstäblich erfüllten. Jedoch ist das gewiß nicht das Verdienst derjenigen, die diese Befehle erließen."[159]

Abschließend kann man hierzu feststellen, daß das Verfahren der „verbrannten Erde" nicht nur ein Teil der militärischen Strategie oder Taktik war, sondern sich in die Gesamtstrategie des NS-Regimes gegenüber der UdSSR einordnete. Wenn sie schon nicht zu besiegen war, so sollte sie doch auf Jahrzehnte hin geschwächt werden.

Totale Vernichtung des Dorfes Melniza (1942) im Gebiet Kalinin durch faschistische Truppenverbände

Die Hitlerwehrmacht zerstörte erbarmungslos Dörfer und Städte in der UdSSR

Platz der Wehrmacht im Okkupationsregime

Nach Christian Streit gibt es nicht jenen „momentan zielgerichteten und keinen Widerstand duldenden Durchsetzungswillen Hitlers", „auf den sich die überlebenden Militärs immer wieder beriefen".[160] Dagegen versuchte die Wehrmacht, die im Kampf konkurrierender machteliten des NS-Staates eine führende Stellung erobern wollten, dies „durch Aufnahme hitlerscher Gedanken und eigene Initiativen" zu erreichen.[161] Und so wurden die geplanten und durchgeführten Ausrottungsmaßnahmen als „Schutzarbeit" gesehen, die die Wehrmacht der eigenen Zukunft willen auf sich nahm. Dabei bleibt aber zu beachten, „daß die vielerörterte Verbindung großer Teile der traditionellen deutschen Führungsschicht mit dem Nationalsozialismus, die auf dem Gefühl weitreichender Übereinstimmung sowohl der gesellschaftlichen Interessen, als auch der außenpolitischen Zielsetzung beruhte, jedenfalls niemals stärker gewesen ist, als in dem Jahr zwischen Frankreich- und Rußlandfeldzug. Dies gilt insbesondere für eine hohe Zahl von Offizieren".[162]

Auf dieser Grundlage war die Mitarbeit der Wehrmacht an der Ausarbeitung der Konzeption eines Vernichtungskrieges gegen die UdSSR keineswegs erzwungen. Dies wird auch dadurch belegt, daß die Heeres- und Truppenführung durch die Siege, so Streit, bei Hitler in hohem Ansehen stand, und die Wehrmacht sich auf eine gewachsene Machtstellung stützen konnte. „Es ist zu bezweifeln, ob Hitler zu diesem Zeitpunkt es riskiert hätte, die Ideologisierung des Ostkrieges in dieser Weise oder einen stärkeren Anteil an der Bestimmung der Dinge in der Wehrmacht gegen den Willen von Wehrmacht- und Heeresführung zu erzwingen."[163]

Bereits in der Vorbereitungsphase des Vernichtungskrieges, aber auch bei seiner Durchführung, wurde kein wirklicher, grundsätzlicher Protest von Seiten der Wehrmachts- und Heeresführung laut. Vorbehalte, die dann und wann geäußert wurden, entsprangen nicht humanitären Überlegungen, sondern gingen von der Frage der Zweckmäßigkeit aus. Auch die Frage gewisser Modifikationen in der Politik gegenüber der sowjetischen Bevölkerung, die zum einen in Zusammenhang mit der Einsicht diskutiert wurde, daß man sich auf einen langen Krieg einzustellen habe, zum anderen mit der Erkenntnis, daß man ohne die Unterstützung der Bevölkerung nicht siegen könne, berührten nicht die Grundlagen der verfolgten Konzeption. Es sollten Scheinzugeständnisse gemacht werden, um sich im Kampf gegen die Bevölkerung mehr Luft zu verschaffen.

Goebbels faßte diese Taktik folgendermaßen zusammen: „Die Hoffnung, ‚den Ostraum denkbar schnell' in Besitz zu nehmen, sei nicht in Erfüllung gegangen. ‚Wir müssen uns also hier . . . auf eine längere Aktion einstellen und sind deshalb gezwungen, unsere Parole und auch unsere Politik in grundlegenden Dingen zu ändern. Vielleicht wird es sogar einmal notwendig werden, in den besetzten Ländern Scheinregierungen einzusetzen'."[164]

Rudolf Rahn, stellvertretender Leiter der Informationsabteilung des Auswärtigen Amtes und ein Verfechter dieser Taktik, machte am 19. August 1943 in einem Bericht klar, daß es auch bei diesen Vorstellungen nicht ohne Gewalt geht. Es müsse selbstverständlich „die Gewalt als wirksames letztes Mittel mit wachsamen Augen in Bereitschaft gehalten und gegebenenfalls blitzschnell und zielbewußt eingesetzt werden".[165]

Zu diesen Veränderungen kam es nie. Es setzte sich die harte Linie durch. In der Wehrmacht gab es während der Okkupation des Kaukasus und der Krim Überlegungen für eine gewisse Modifikation des Okkupationsregimes, die aber nicht richtig umgesetzt wurden. Auch in diesen Gebieten ging die Wehrmacht brutal vor, besonders als für sie die militärische Lage schlechter wurde. Die „Taktik berechnender Großzügigkeit" löste sich „ins Nichts auf, und die Politik der Wehrmacht wurde wieder zu dem, was sie im übrigen besetzten Osten war".[166] Es wurde wieder geplündert, gebrandschatzt und gemordet. Diese Beispiele zeigen, daß die Wehrmacht keine wirklich ernsthaften Versuche unternahm, ihr Okkupationsregime zu mildern.

Zusammenfassend kann man feststellen, daß das militärische Okkupationsregime gekennzeichnet war durch viele völkerrechtswidrige, verbrecherische Handlungen gegen Freiheit, Eigentum und Leben der sowjetischen Bevölkerung. Die Wehrmacht erwies sich als ein aktives Instrument der Okkupationspolitik, dessen Maßnahmen und Methoden genauso skrupellos waren wie die der übrigen für das Okkupationsregime verantwortlichen Organe. Die von ihr entwickelte Eigenaktivität zeugt auch von einer gewissen Selbstständigkeit der militärischen Organe innerhalb des Besatzungsregimes. Zwischen den verschiedenen, für die Politik in den besetzten sowjetischen Gebieten verantwortlichen Stellen, entwickelte sich eine rege Zusammenarbeit, die unterstreicht, daß die Wehrmacht ein integrierter Bestandteil des Okkupationsregimes war. Insofern trägt sie ebenso wie alle anderen für die Okkupationspolitik verantwortlichen Organe die volle Verantwortung für die in den besetzten sowjetischen Gebieten begangenen Grausamkeiten.

Der Internationale Militärgerichtshof in Nürnberg bestätigte die Tatsache, als er in seiner Urteilsbegründung hinsichtlich der Angehörigen der militärischen Führungsorgane feststellte: „Sie sind in großem Maße verantwortlich gewesen für die Leiden und Nöte, die über Millionen Männer, Frauen und Kinder gekommen sind ... Viele dieser Männer haben mit dem Soldateneid des Gehorsams gegenüber militärischen Befehlen ihren Spott getrieben. Wenn es ihrer Verteidigung zweckdienlich ist, so sagen sie, sie hatten zu gehorchen; hält man ihnen Hitlers brutale Verbrechen vor, der allgemeine Kenntnis ihnen nachgewiesen wurde, so sagen sie, sie hätten den Gehorsam verweigert. Die Wahrheit ist, daß sie an all diesen Verbrechen teilgenommen haben oder in schweigender Zustimmung verharrten, wenn vor ihren Augen größer angelegte und empörende Verbrechen begangen wurden, als die Welt je zu sehen das Unglück hatte."[167]

Keitel unterzeichnet für die Hitlerwehrmacht am 8. Mai 1945 in Berlin-Karlhorst die bedingungslose Kapitulation

Nürnberger Prozeß gegen die faschistischen Haupt-Kriegsverbrecher – 1946

Das schwermütige Lied auf der folgenden Seite über die Partisanin Soja Kosmodemjanskaja entstand in einem abgelegenen Landstrich Südrußlands; es wurde erst nach dem Krieg aufgezeichnet. Musik und Text haben den Ausdruck alter russischer Volkslieder. Soja Kosmodemjanskaja war ein Mädchen, das sich einer Partisaneneinheit angeschlossen hatte (wie überhaupt sehr viele Frauen im antifaschistischen Widerstand kämpften). Sie wurde gefangengenommen und gehängt. Soja Kosmodemjanskaja war im Krieg das Symbol für den Widerstand der sowjetischen Jugend gegen die Deutschen, deren Ausrottungspolitik sich nicht nur gegen die Juden richtete; in der Sowjetunion wurden etwa zehn Millionen Menschen aus der Zivilbevölkerung umgebracht.

Das Lied von Soja

Stille. Kein Feuer, kein Laut.
In der Dämmerung schlafen noch die Bäume.
Im Rücken des Feindes,
ohne ein Geräusch, ohne ein Flüstern,
marschieren die Partisanen.
Alte und Junge, Komsomolzen,
Brüder und Schwestern, Hand in Hand.
Mit ihnen ging ein siebzehnjähriges Mädchen.
Eine alte Pelzmütze trug sie,
sie zerschnitt Drähte, steckte Brücken an.
Stolz ist die Abteilung auf Soja,
die Partisanin aus Moskau.
Aber das geschah im Winter:
Als der Feind sich zurückzog,
brannte er das Dorf nieder.
Und Soja hängten sie auf, im Morgengrauen.
Du bist tot, aber im Volk wirst du weiterleben
wie eine Heldin.
Liebe Soja, wir schwören,
daß wir dich rächen werden.

(nach: „Canti della Resistenza europea 3"

Nachwort

Nie wieder Krieg und Faschismus. Das war am Tag der bedingungslosen Kapitulation Hitlerdeutschlands vor der Antihitlerkoalition (UdSSR, USA, Großbritannien u. a.) am 8. Mai 1945 die einmütige Meinung der Völker. Das war zugleich die Erkenntnis aus der faschistischen Wirklichkeit und dem vom deutschen Faschismus vom Zaun gebrochenen zweiten Weltkrieg und seiner schrecklichen Ergebnisse.

Die Kampfhandlungen erfaßten ein Gebiet von mehr als 22 Millionen Quadratkilometern. 72 Staaten befanden sich im Kriegszustand. Ihre direkten Kriegsausgaben betrugen 935 Milliarden Dollar. Insgesamt wurden 110 Millionen Menschen zum Kriegsdienst einberufen. Der Krieg forderte 23 Millionen Gefallene und hinterließ 35 Millionen Kriegsversehrte. Durch den Krieg und den barbarischen Terror der Nazis verlor die UdSSR 20 Millionen Menschen, Polen über 6 Millionen, Jugoslawien über 1,7 Millionen, Frankreich über 600 000, die USA rund 405 000 und Großbritannien über 375 000. Allein in der UdSSR wurden mehr als 1700 Städte und über 70 000 Dörfer völlig zerstört. Der Gesamtschaden betrug rund 679 Milliarden Rubel. Das deutsche Volk verlor rund 6 Millionen Menschen, davon weit über 4 Millionen Gefallene, rund 410 000 Luftkriegsopfer, rund 200 000 Opfer des faschistischen Terrors. In den Zuchthäusern, KZs und Vernichtungslagern wurden während des Krieges rund 8 Millionen Menschen verschiedener Nationalität ermordet.[1]

Das war eine grausame Bilanz! Daraus leiten die Völker denn auch ihre politischen Ziele für die Zukunft ab. „ . . . Es ist unser unbeugsamer Wille, den deutschen Militarismus und Nationalsozialismus zu zerstören und dafür Sorge zu tragen, daß Deutschland nie wieder imstande ist, den Weltfrieden zu stören. Wir sind entschlossen, alle deutschen Streitkräfte zu entwaffnen und aufzulösen; den deutschen Generalstab, der wiederholt die Wiederaufrichtung des deutschen Militarismus zuwege gebracht hat, für alle Zeiten zu zerschlagen; sämtliche deutschen militärischen Einrichtungen zu entfernen oder zu zerstören; die gesamte deutsche Industrie, die für militärische Produktion benutzt werden könnte, zu beseitigen oder unter Kontrolle zu stellen; alle Kriegsverbrecher vor Gericht zu bringen und einer schnellen Bestrafung zuzuführen sowie eine im gleichen Umfang erfolgende Wiedergutmachung der von den Deutschen verursachten Zerstörungen zu bewirken; die Nationalsozialistische Partei, die nationalsozialistischen Gesetze, Organisationen und Einrichtungen zu beseitigen, alle nationalsozialistischen und militärischen Einflüsse aus den öffentlichen Dienststellen sowie dem kulturellen und wirtschaftlichen Leben des deutschen Volkes auszuschalten und in Übereinstimmung miteinander solche Maßnahmen in Deutschland zu ergreifen, die für den zukünftigen Frieden und die Sicherheit der Welt notwenig sind.

Es ist nicht unsere Absicht, das deutsche Volk zu vernichten, aber nur dann, wenn der Nationalsozialismus und Militarismus ausgerottet sind, wird für die Deutschen Hoffnung auf ein würdiges Leben und einen Platz in der Völkergemeinschaft bestehen."[2] Diese verbindliche Erklärung gaben für ihre Völker noch vor Kriegsende (11. Februar 1945) in Jalta (Krim) Stalin, Truman und Churchill ab. So sah der Kern der Absichten für die zukünftige Gestaltung Deutschlands nach der Befreiung vom Faschismus aus.

Diese Zielsetzung finden wir dann konkretisiert im Potsdamer Abkommen vom 2. August 1945 der Antihitlerkoalition wieder. Es wurde einstimmig festgelegt: „Der deutsche Militarismus und Nazismus werden ausgerottet, und die Alliierten treffen nach gegenseitiger Vereinbarung in der Gegenwart und Zukunft auch andere Maßnahmen, die notwendig sind, damit Deutschland niemals mehr seine Nachbarn oder die Erhaltung des Friedens in der ganzen Welt bedrohen kann." ... „Kriegsverbrecher und alle diejenigen, die an der Planung oder Verwirklichung nazisitischer Maßnahmen, die Greuel oder Kriegsverbrechen nach sich zogen oder als Ergebnis hatten, teilgenommen haben, sind zu verhaften und dem Gericht zu übergeben ..." ... „In praktisch kürzester Frist ist das deutsche Wirtschaftsleben zu dezentralisieren mit dem Ziel der Vernichtung der bestehenden übermäßigen Konzentration der Wirtschaft, dargstellt insbesondere durch Kartelle, Syndikate, Trusts und andere Monopolvereinigungen."[3]

Der Nürnberger Kriegsverbrecherprozeß (1945/46) führte der Welt noch einmal die Verbrechen der Hitlerfaschisten und ihrer industriellen Träger vor Augen. Auf der Anklagebank dieses Tribunals saßen wegen schwersten Verbrechen gegen die Menschlichkeit neben Göring, Keitel und anderen Faschistenführern (Hitler, Himmler und Goebbels hatten sich durch Selbstmord der Verantwortung entzogen) auch die eigentlichen Nutznießer, Drahtzieher und Machthaber im faschistischen Deutschland: Flick, Krupp, Stinnes und andere führende Wirtschafts- und Bankbosse wie Hjalmar Schacht und Abs, aber auch die ranghöchsten Offiziere aus Heer, Luftwaffe und Marine. Der Internationale Gerichtshof in Nürnberg erklärte am 1. Oktober 1946 zurecht in seinem Urteil: „Der zeitgenössische deutsche Militarismus erlebte mit seinen jüngsten Verbündeten, dem Nationalsozialismus, eine kurze Blütezeit, wie er sie in der Vergangenheit kaum schöner gekannt hat."[4]

Wurden daraus auch die richtigen Konsequenzen gezogen? Wurden der Generalstab sowie das OKW zu „verbrecherischen Organisationen" erklärt?

Nein. Dazu erklärte das sowjetische Mitglied des Internationalen Gerichtshofes L. T. Nikischenko: „Der Verzicht, den Generalstab und das OKW für eine verbrecherische Organisation zu erklären, widerspricht der wirklichen Lage der Dinge und den Beweisdokumenten . . ." Es „ist kein Zufall, das an der Spitze des Oberkommandos der Luftwaffe der ‚zweite Mann des nationalsozialistischen Reiches', Göring, stand; an der Spitze des Oberkommandos der Kriegsmarine stand Dönitz, der in späterer Zeit von Hitler zu seinem Nachfolger ernannt wurde; das Oberkommando der Wehrmacht war in der Hand Keitels, der die meisten Weisungen über die Vernichtung von Kriegsgefangenen und der Zivilbevölkerung der besetzten Gebiete unterschrieben hat".[5]

Das Potsdamer Abkommen der Siegermächte vom Juli 1945 erklärte denn auch das Verbot des alten Generalstabes und seiner Untergliederung für aufgelöst sowie jede weitere Tätigkeit als verboten. Dazu heißt es konkret:

„3. Die Ziele der Besetzung Deutschlands, durch welche der Kontrollrat sich leiten lassen soll, sind:

I. Völlige Abrüstung und Entmilitarisierung Deutschlands und die Ausschaltung der gesamten deutschen Industrie, welche für eine Kriegsproduktion benutzt werden kann oder deren Überwachung. Zu diesem Zweck:

a) werden alle Land-, See- und Luftstreitkräfte Deutschlands, SS, SA, SD und Gestapo mit allen ihren Organisationen, Stäben und Ämtern, einschließlich des Generalstabes, des Offizierkorps, der Reservisten, der Kriegsschulen, der Kriegsvereine und allen anderen militärischen Organisationen zusammen mit ihren Vereinen und Unterorganisationen, die den Interessen der Erhaltung der militärischen Traditionen dienen, völlig und endgültig aufgelöst, um damit für immer der Wiedergeburt oder Wiederaufrichtung des deutschen Militarismus und Nazismus vorzubeugen.

II. Das deutsche Volk muß überzeugt werden, daß es eine totale militärische Niederlage erlitten hat, und daß es sich nicht der Verantwortung entziehen kann für das, was es selbst dadurch auf sich geladen hat, daß seine eigene mitleidslose Kriegsführung und der fanatische Widerstand der Nazis die deutsche Wirtschaft zerstört und Chaos und Elend unvermeidlich gemacht haben.

III. Die Nationalsozialistische Partei mit ihren angeschlossenen Gliederungen und Unterorganisationen ist zu vernichten; alle nationalsozialistischen Ämter sind aufzulösen; es sind Sicherheiten dafür zu schaffen, daß sie in keiner Form wieder auferstehen können; jeder nazistischen und militärischen Bestätigung und Propaganda ist vorzubeugen.

IV. Die endgültige Umgestaltung des deutschen politischen Lebens auf demokratische Grundlage und eine eventuelle friedliche Mitarbeit Deutschlands am internationalen Leben sind vorzubereiten [. . . .]"[6]

Der deutsche Militarismus hatte im zweiten Weltkrieg durch die totale Niederlage, die Bestimmungen des Potsdamer Abkommens und den Nürnberger Hauptkriegsverbrecherprozeß den bisher schwersten Schlag in seiner Geschichte erhalten. Wir wissen heute, er findet in der Bundesrepublik in der Gestalt der Bundeswehr mit der zunächst alten Generalität an der Spitze eine Kontinuität.

Nur in der SBZ bzw. nach 1949 in der DDR wurden die Lehren aus Faschismus und Krieg gezogen. Dazu heißt es im „Aufruf des Zentralkomitees der SED „Zum 40. Jahrestag des Sieges über den Hitlerfaschismus und der Befreiung des deutschen Volkes": „Wir rotteten gemäß dem Potsdamer Abkommen den Militarismus und die imperialistischen Wurzeln des Krieges aus. Noch im Jahr der Befreiung vollzogen wir die demokratische Bodenreform und die Schulreform. Die Betriebe der Nazis und Kriegsverbrecher wurden Volkes eigen. Demokratische Verwaltungs- und Sicherheitsorgane, eine antifaschistische Justiz entstand."[7] Die DDR steht in der Koninuität des antifaschistischen Widerstandskampfes und feiert im Gegensatz zu konservativen und imperialistischen Kreisen in der BRD den 8. Mai 1945 als Tag der Befreiung des deutschen Volkes vom Faschismus.

So hatten unmittelbar nach 1945 selbst Kräfte aus dem Großkapital argumentiert. Konrad Adenauer, Mitbegründer der CDU und ihr langjähriger Vorsitzender − ab 1949 Bundeskanzler der Bundesrepublik − erklärte zum Beispiel am 24. März 1946 in der Universitätsaula in Köln: „Die größte Aufmerksamkeit werden wir der Ausmerzung des nationalsozialistischen und militaristischen Geistes in Deutschland widmen müssen. Die aktiven Nationalsozialisten und die aktiven Militaristen, die für den Krieg und seine Verlängerung Verantwortlichen, dazu gehören insbesondere auch gewisse Wirtschaftsführer, müssen aus ihren Stellen entfernt werden . . . Die Erfinder des Nationalsozialismus waren militärische Kreise, waren hohe Militärs . . ."[8] Wie wahr. Nur diesen richtigen Einsichten folgten umgekehrte Taten. Erinnern wir uns.

Die USA und in ihrem Gefolge Großbritannien und auch Frankreich als die nunmehr führenden Kräfte des Imperialsimus zerstörten die im zweiten Weltkrieg entstandene Hitlerkoalition mit der Sowjetunion und nahmen direkten Kurs auf den kalten Krieg gegen die UdSSR. Dieser Kurswechsel wurde mit dem strategischen Ziel der „Eindämmung" bzw. „Zurückdrängung" des Kommunismus vollzogen.[9] Zu diesem Zweck strebte vor allem die USA die Zusammenfassung aller imperialistischen und reaktionären Kräfte der Welt zu einer Allianz gegen die UdSSR und die sich herausbildenden volksdemokratischen Länder an und schufen ein Netz von Militärstützpunkten rund um den Erdball. 1949 wurde in Westeuropa unter dieser Zielsetzung die NATO geschaffen.

Bis zu diesem Zeitpunkt war durch eine systematische und zielgerichtete Spaltungspolitik der Westmächte – und das geschah mit Hilfe westdeutscher politischer Kräfte vor allem aus der CDU mit Konrad Adenauer an der Spitze! – die Gründung der Bundesrepublik als vollendete Tatsache geschaffen worden. Und ihr war von Anfang an wegen ihrer wichtigen strategischen Lage an der Nahtstelle der Systeme die Rolle einer „Speerspitze" zugedacht. Harry Truman, zu diesem Zeitpunkt Präsident der USA, erklärte offenherzig: „Deutschland ist das Herz Europas, und seine Bevölkerung hat seit Jahrhunderten bewiesen, daß sie willens und fähig ist, ihre Heimaterde zu verteidigen. Ein Blick auf die Landkarte genügt, um festzustellen, welche Bedeutung die Einbeziehung des deutschen Menschenpotentials für die Verteidigung Europas besitzt."[10]

Ja – nur es ging nicht um die „Verteidigung Europas". Das war ein Vorwand. Denn die Mehrheit der deutschen Menschen hatten vom Militarismus die Nase voll. Da erfand man wieder das „Gespenst der Bedrohung durch den Kommunsimus" – und auch hier gab es Kontinuität mit faschistischer Ideologie. Adolf Hitler und seine politische und Militaristen-Clique waren genau mit der gleichen Parole in den Krieg gegen die Sowjetunion gezogen. „Roll back" hieß da allerdings „Ausrottung des Bolschewismus, Vernichtung der UdSSR als Staat und Erwerb riesiger neuer Gebiete für koloniale Ausbeutung und Siedlung".[11] Die Westmächte brauchten für ihre „roll-back"-Politik auch die erst im zweiten Weltkrieg geschlagenen deutschen Imperialisten und Militaristen. Und umgekehrt. Das deutsche Großkapital klammerte sich an die imperialistischen Westmächte. Denn es hoffte auf diesem Wege – bei gleicher gobaler Zielstellung gegen den Sozialismus – die DDR und die „Ostgebiete" „zu befreien". Konrad Adenauer sprach das 1952 unumwunden aus. Er erklärte:

„Der beste Weg, um den deutschen Osten zurückzugewinnen, ist die Wiederbewaffnung Deutschlands, wobei er als den deutschen Osten nicht nur das Gebiet der DDR, sondern auch die polnischen Provinzen östlich der Oder-Neiße-Linie meinte."[12]

Dazu brauchte man eine neue Wehrmacht und vor allem „kampferprobte" Generale mit „Osterfahrung". Die Generalität brachte noch mehr mit. Sie waren durch und durch antikommunistisch und über Generationen hinweg streng militaristisch ausgerichtet. Militarismus und politische Reaktion als Geist und Lebensweise zeichnete sie aus. Sie waren als einflußreiche Militärkaste im gesellschaftlichen Leben stets vom Volk abgehoben.

Da stimmte zum anderen das Feindbild. Es ging gegen den „Bolschewismus". Diesmal allerdings mit den imperialistischen Westmächten als Partner. Sie hofften, gemeinsam mit den konservativen Politikern aus Bonn auf diesem Wege das Rad der Geschichte zurückdrehen und sich für die Niederlage rächen zu können. Denn die Rote Armee hatte ihnen das Genick gebrochen und sie zur bedingungslosen Kapitulation gezwungen. Das vergaßen sie nie.

Sehen wir uns diese Generalität etwas genauer an. Wer stand nur fünf Jahre nach dem 8. Mai 1945 an der Spitze der sich formierenden Bundeswehr?

Da gilt erst einmal global: sämtliche militärische Führungskräfte der BRD waren bei der faschistischen Wehrmacht mindestens im Rang eines Oberstleutnant. Mindestens 70 davon waren während der faschistischen Diktatur Generalstabsoffiziere bzw. leitende Mitarbeiter des Oberkommando des Heeres (OKH). 45 waren in der Wehrmacht Generale. Sieben wurden in Nürnberg als Kriegsverbrecher abgeurteilt bzw. standen auf der alliierten Kriegsverbrecherliste. Diese Militärkaste war führend an den faschistischen Aggressionen gegen die Völker Europas beteiligt. Die meisten von ihnen erhielten aus Hitlers Hand hohe Naziorden und dienten dem „Dritten Reich" bis zum bitteren Ende. Aber – bis auf wenige führende Hitlergenerale wie Keitel und Jodl, die wegen Kriegsverbrechen zum Tode durch den Strang verurteilt und auch hingerichtet wurden – fanden sie bald wieder Gnade. Zuerst wurden die Hitlergenerale von aller Blutschuld reingewaschen. 60 Kriegsverbrecher verließen schon im Dezember 1949 die Gefängnisse. 32 ehemalige Hitleroffiziere kamen dann Anfang 1951 frei. Dann wurden schließlich alle Kriegsverbrecher aus der Hitlerwehrmacht rehabilitiert. Damit waren sie wieder „salonfähig" und ihrer „Verwendung" stand nichts mehr im Wege. Nunmehr durften sie bald unter der Flagge schwarz-rot-gold und dem Bundesadler als Wahrzeichen der BRD erneut ihr militaristisches Handwerk ausüben und diesmal junge Bundesbürger als Soldaten für den „Fall rot" drillen.

Erst Ende November 1984 wurde einer ihrer führenden Männer mit „großem Zapfenstreich" der Bundeswehr und in Anwesenheit der politischen Prominenz aus Bonn zu Grabe getragen: Dr. Hans Speidel. Konrad Adenauer hatte ihn im Dezember 1950 als Planer ins Amt Blank — aus ihm ging das Verteidigungsministerium später hervor — berufen. Er war denn auch „wesentlich an den Vorarbeiten für die deutsche Wiederbewaffnung beteiligt"[13] — wie die „Frankfurter Allgemeine Zeitung" bei seinem Tode resümierte — und diente zuletzt in der NATO als Oberbefehlshaber der Landstreitkräfte Mitteleuropa.

Die Sporen dazu hatte er sich schon vorher verdient. Denn „Speidel diente in vier Armeen: im kaiserlichen Heer, in der Reichswehr, in der Wehrmacht, in der Bundeswehr. Bösartige Kritiker mögen darin ein hohes Maß an politischer Anpassungsfähigkeit sehen", so schrieb General a. D. Schmückle nach dem Tode über ihn , „in Wahrheit blieb sich Speidel durch alle Wirrnisse der Zeiten hindurch treu. Er wurde zum Typ des militärischen Könners, der, über seinen Beruf weit hinausgreifend, die Begegnung mit den bedeutenden Persönlichkeiten seiner Zeit suchte und fand".[14]

Ganz recht. Auch mit Hitler und Göring, Goebbels und anderen Faschisten — und den Kanonenkönigen Flick und Krupp. Er diente ihnen mit Leib und Seele — nicht zuletzt auch bei der Verwirklichung des Feldzuges „Barbarossa" gegen die Sowjetunion. Dort soll er angeblich „als General psychologisch äußerst rücksichtsvoll" seine Truppe geführt haben.[15]

Alles andere, nur nicht „rücksichtsvoll" ging der General Hans Speidel mit den „Bolschewiken" bzw. „Russen" um. Da hatte er zum Beispiel, wie die „Frankfurter Allgemeine Zeitung" verschwieg und „Der Spiegel" aber schrieb, „1943 den Vollzug eines offenkundig sinnlosen Führerbefehls an der Ostfront wieder und wieder angemahnt".[16] Ja – er war wie so viele Hitlergenerale ein rücksichts- und erbarmungsloser „Taktiker der verbrannten Erde". Auch auf ihn trifft zu, was der Hauptkriegsverbrecherprozeß in Nürnberg über die Hitlergenerale festgestellt hat: „Sie sind in großem Maße verantwortlich gewesen für die Leiden und Nöte, die über Millionen Männer, Frauen und Kinder gekommen sind. Sie sind ein Schandfleck für das ehrenwerte Waffenhandwerk geworden. Ohne ihre militärische Führung wären die Angriffsgelüste Hitlers und seiner Nazi-Kumpane akademisch und ohne Folgen geblieben. Wenn diese Offiziere auch nicht eine Gruppe nach dem Wortlaut des Status bildeten, so waren sie doch sicher eine rücksichtslose militärische Kaste. Der zeitgenössische deutsche Militarismus erlebte mit seinen jüngsten Verbündeten, dem Nationalsozialismus, eine kurze Blütezeit, wie er sie in der Vergangenheit kaum schöner gekannt hat.

Viele dieser Männer haben mit dem Soldateneid des Gehorsams gegenüber militärischen Befehlen ihren Spott getrieben. Wenn es ihrer Verteidigung zweckdienlich ist, so sagen sie, sie hatten zu gehorchen; hält man ihnen Hitlers brutale Verbrechen vor, deren allgemeine Kenntnis ihnen nachgewiesen wurde, so sagen sie, sie hätten den Gehorsam verweigert.

Die Wahrheit ist, daß sie an all diesen Verbrechen rege teilgenommen haben oder in schweigender Zustimmung verharrten, wenn vor ihren Augen größer angelegte und empörende Verbrechen begangen wurden, als die Welt je zu sehen das Unglück hatte."[17]

Dieses Urteil über die Generalität und hohen Offiziere im Dienste des Faschismus trifft den Kern der Dinge.

Natürlich gab und gibt es immer noch Versuche, die Militaristenkaste von jeder Schuld reinzuwaschen, die alleinige Schuld an den Kriegsverbrechen der Hitler-Clique in die Schuhe zu schieben, sich auf „Befehlsnotstand" zu berufen oder ihren Anteil an den Verbrechen zu verharmlosen. Wie schrieb doch General a. D. Schmückle in der FAZ über Speidel? „ . . . nie wäre ihm in den Sinn gekommen, eine Truppe zu opfern oder sie rücksichtslos einzusetzen, um ein bestimmtes Ziel zu erreichen."[18]

Und auch Adolf Heusinger als ehemaliger hoher Hitlergeneral – neben Hans Speidel von Konrad Adenauer zur gleichen Zeit in den Dienst gestellt – hat mehr als Dreck am Stecken. Heusinger war von Beginn des Zweiten Weltkrieges 1939 bis Herbst 1940 Ia in der Operationsabteilung des Oberkommandos des Heeres und vom Herbst 1940 bis 20. 7. 1944 Chef der Operationsabteilung im Oberkommando des Heeres. Er wurde 1964 von Lorenz Knorr, Mitglied der Geschäftsführung der DFU, „wegen Verdacht der Anstiftung zum Mord in zahlreichen Fällen" angezeigt. Doch das Gericht stellte trotz konkreter Beweise das Verfahren ein. Tatsache war und bleibt: Heusinger gehörte zum engeren Kreis der militärischen Führung unter Hitler. Dieser plante den Krieg und auch seine konkrete Durchführung – so „Barbarossa". Ditte Gerns skizziert Heusingers Anteil bei der Partisanenbekämpfung in der Sowjetunion. Adenauer stellte ihn trotz allem in den Dienst der Bundeswehr als Führungskraft.

Doch auch das ist schon lange Praxis: Tagebücher und Landserhefte sowie andere Literatur verherrlichen bzw. verniedlichen die schrecklichen Taten der faschistischen Aggressoren. Nur – auch in diesem Fall bleiben Tatsachen eben Tatsachen. Die vorliegende Arbeit von Ditte Gerns erinnert zum richtigen Zeitpunkt an diese Ereignisse – wenn auch eingeschränkt auf die Rolle der Hitlerwehrmacht in der Sowjetunion.

Darüber hinaus ist auch die Traditionspflege innerhalb der Bundeswehr daran ausgerichtet. Noch immer tragen Kasernen die Namen von Generalen bzw. Offizieren der faschistischen Armee und nicht selten wird im Unterricht auf sie ein Loblied wegen „Tapferkeit" gesungen. Das alles sind durchaus keine „Betriebsunfälle". Skandale wie die um den eingefleischten Militaristen und Anhänger der Neonazis Rudel sind Glied dieser Kette. Neofaschistisches und anderes reaktionäres Gedankengut findet in der Bundeswehr bis heute einen günstigen Nährboden.

Nur zwei Beispiele aus der jüngsten Zeit seien hier angeführt: Da verketzerte im November 1981 Brigadekommandeur Oberst Horst Loch die Friedensbewegung auf einer Gelöbnisfeier in

Rochenhausen wie folgt: „Eine Minderheit aber – schreiende Meuten von Gewaltdemonstranten, primitive Spruchbänder zwischen Vulgärpazifismus und Revolution, banale Sprechchöre – will diesen Staat, will unsere Sicherheit in Frage stellen. Mancher ist inzwischen Berufsrevoluzzer geworden, mancher weiß gar nicht recht, worum es geht, und viele haben nur Freude am Klamauk. Die Drahtzieher rufen: ‚Nie wieder Krieg' und ‚Waffen weg' und meinen doch: Weg mit der freiheitlich-demokratischen Grundordnung . . ."[19] Protest durch einen offenen Brief des beim Kölner Heeresamt beschäftigten Major Prieß rief die Bundeswehrgeneralität sofort auf den Plan. Zunächst „ermahnte" ihn Generalmajor Heinrich Beckmann, stellvertretender Amtschef der Kölner Dienststelle. Prieß suchte dann beim Inspekteur des Heeres, damals Generalleutnant Meinhard Glanz, Schutz vor den ungerechtfertigten Angriffen bzw. der eingetragenen Mahnung. Er wurde – wie die „Frankfurter Rundschau" schrieb – „wieder abgeschmettert".[20] Nur durch Hartnäckigkeit und Mut erhielt Major Prieß durch den „Wehrdienstsenat" Absolution.[21]

Da erklärte zum anderen vor kurzer Zeit Brigadegeneral Busso von Alvensleben, stellvertretender Kommandeur der 7. Panzer-Division (früher Militärattaché in Washington und Moskau) am 23. Oktober 1984 vor der „Gesellschaft für Wehrkunde" in Herford: „Die Sowjetunion muß davon überzeugt werden, daß der Sozialismus aufhaltbar und die Geschichte umkehrbar ist."[22]

War das etwa wieder einmal ein Ausrutscher?

Nein – so denken viele Führungskräfte in der Bundeswehr und die Wertung der Bundesregierung des 8. Mai 1945 als „Tag der Trauer" bzw. der „Besinnlichkeit" drückt eine unmittelbare Sinnesverwandschaft aus. „Die Welt" des Axel Cäsar Springer blies ins gleiche Horn. „Wie immer wir in der Bundesrepublik den 8. Mai begehen werden, über eines muß Einigkeit bestehen: Der rechtswidrige Herrschaftsanspruch des Kreml und seiner Satrapen über halb Deutschland und halb Europa darf nicht unwidersprochen bleiben."[23]

40 Jahre nach dem zweiten Weltkrieg ist so die Haltung zum 8. Mai 1945 und seinen konkreten Ergebnissen zu einer echten Scheidelinie zwischen Revanchismus / politischer Reaktion und

den demokratischen und Friedenskräften in unserem Land geworden. Also zwischen jenen Kräften, die den Leitsatz friedlicher Koexistenz „vom deutschen Boden darf nie wieder ein Krieg ausgehen" zur Grundlage ihrer Politik machen oder ihn nur auf den Lippen führen. Zurecht stellte der DGB-Vorsitzende Ernst Breit Anfang diesen Jahres fest: „Die Völker in Osteuropa haben es nicht verdient, daß sie, die ein Blutzoll ohne gleichen haben entrichten müssen, wieder zum Ziel von Forderungen werden, die kaum anders als mit dem Wort ‚Revanchismus' bezeichnet werden können."[24] Es ist in der Tat höchste Zeit zur Umkehr. Es gibt zur politischen Vernunft und Politik der friedlichen Koexistenz in dieser waffenstarrenden Welt keine Alternative.

Fahne der Sowjetunion am Ende des Krieges auf dem Reichstagsgebäude in Berlin

Stalingrad (heute Wolgograd) nach der Schlacht im Februar 1943

Heimkehr eines sowjetischen Soldaten nach Kriegsende

Dokumente

Dokument 446-PS
Geheime Kommandosache: Hitlers Weisung Nr. 21 vom 18. Dezember 1940 – Fall „Barbarossa" – Plan einer Invasion Sowjetrußlands

Geheime Kommandosache!

Der Führer und Oberste Befehlshaber   F. H. Qu., den 18.12.40
der Wehrmacht
OKW / WFSt / Abt. L (I) Nr. 33408 / 40 gK Chefs.

Chef Sache   9 Ausfertigungen
Nur durch Offizier   4. Ausfertigung

Weisung Nr. 21
Fall Barbarossa.

Die deutsche Wehrmacht muss darauf vorbereitet sein, auch vor Beendigung des Krieges gegen England Sowjetrussland in einem schnellen Feldzug niederzuwerfen (Fall Barbarossa).

Das Heer wird hierzu alle verfügbaren Verbände einzusetzen haben mit der Einschränkung, dass die besetzten Gebiete gegen Überraschungen gesichert sein müssen.

Für die Luftwaffe wird es darauf ankommen, für den Ostfeldzug so starke Kräfte zur Unterstützung des Heeres freizumachen, dass mit einem raschen Ablauf der Endoperation gerechnet werden kann und die Schädigung des ostdeutschen Raumes durch feindliche Luftangriffe so gering wie möglich bleibt. Diese Schwerpunktbildung im Osten findet ihre Grenze in der Forderung, dass der gesamte von uns beherrschte Kampf- und Rüstungsraum gegen feindliche Luftangriffe hinreichend geschützt bleiben muss und die

Angriffshandlungen gegen England, insbesondere seine Zufuhr, nicht zum Erliegen kommen dürfen.
Der Schwerpunkt des Einsatzes der Kriegsmarine bleibt auch während eines Ostfeldzuges eindeutig gegen England gerichtet.
Den Aufmarsch gegen Sowjetrussland werde ich gegebenenfalls acht Wochen vor dem beabsichtigten Operationsbeginn befehlen.
Vorbereitungen, die eine längere Anlaufzeit benötigen, sind — soweit noch nicht geschehen — schon jetzt in Angriff zu nehmen und bis zum 15.5.41 abzuschliessen.
Entscheidender Wert ist jedoch darauf zu legen, dass die Absicht eines Angriffs nicht erkennbar wird.
Die Vorbereitungen der Oberkommandos sind auf folgender Grundlage zu treffen:

I. Allgemeine Absicht:

Die im westlichen Russland stehende Masse des russischen Heeres soll in kühnen Operationen unter weitem Vortreiben von Panzerkeilen vernichtet, der Abzug kampffähiger Teile in die Weite des russischen Raumes verhindert werden.

Der Raum nördlich der Pripjet-Sümpfe schiene daher auch stärker mit Truppen belegt zu sein als der Südteil. Die russische Kräfteverteilung lasse darüber hinaus eine starke Massierung nach der russisch-deutschen Interessengrenze zu erkennen. Es sei anzunehmen, daß sich dicht ostwärts der ehemaligen russisch-polnischen Grenze die durch die Feldbefestigungen geschützte Nachschubbasis der Russen befinde. Der Dnjepr und die Düna bildeten die östlichste Linie, an der der Russe sich stellen müsse. Wenn er weiter zurückginge, könne er seine Industriegebiete nicht mehr schützen. Die deutschen Absichten müßten infolgedessen dahin gehen, eine geschlossene Widerstandsbildung der Russen westlich der beiden Ströme durch Panzerkeile zu verhindern. Eine besonders starke Stoßgruppe solle aus dem Raume um Warschau auf Moskau vorstoßen. Von den vorgesehenen drei Heeresgruppen würden die nördliche auf Leningrad, die mittlere über Minsk auf Smolensk und die südliche mit dem Schwerpunkt auf Kiew anzusetzen sein, bei dieser letzteren eine Armee aus dem Raum um Lublin, eine zweite aus dem Raum um Lemberg und eine dritte von Rumänien aus vorgehen. Das Endziel der Gesamtoperation bilde die Wolga und die Gegend von Archangelsk. Insgesamt sollten 105 Inf. und 32 Pz. und mot. Div. angesetzt werden, wovon starke Teile (2 Armeen) anfangs in zweiter Linie folgen würden.

Der F ü h r e r erklärt sich mit den vorgetragenen operativen Absichten einverstanden und äußert hierzu noch folgendes: Das wichtigste Ziel sei, zu verhindern, daß der Russe in geschlossener Front zurückgehe. Der Vormarsch müsse soweit nach Osten durchgeführt werden, daß die russische Luftwaffe das deutsche Reichsgebiet nicht mehr angreifen könne und für die deutsche Luftwaffe andererseits Raids zur Zerstörung der russischen Rüstungsgebiete möglich wären. Hierdurch müsse die Zerschlagung der russischen Wehrmacht erreicht und ihre Regeneration verhindert werden.

Schon der erste Ansatz der Kräfte habe so zu erfolgen, daß starke Teile des Feindes vernichtet werden könnten. Daher müßten die schnellen Truppen auf den inneren Flügeln der beiden nördlichen Heeresgruppen eingesetzt werden, wo auch der Schwerpunkt der Operation läge. Im Norden sei die Einkesselung der in den baltischen Ländern stehenden feindlichen Kräften anzustreben. Hierzu müsse die auf Moskau anzusetzende Heeresgruppe so stark gemacht werden, daß sie mit erheblichen Teilen nach Norden einschwenken könne. Die südlich der Pripjet-Sümpfe vorgehende Heeresgruppe solle erst später mit Teilen u. U. aus Rumänien antreten und die Einkesselung starker Feindkräfte in der Ukraine durch Umfassung von Norden her anstreben. Ob man nach Vernichtung der im Norden und im Süden eingekesselten russischen Massen auf Moskau oder in die Gegend ostwärts Moskau vorgehe, sei jetzt noch nicht entschieden. Wesentlich sei, daß die Russen sich nicht rückwärts wieder setzten. Die für die Gesamtoperation vorgesehene Zahl von 130 – 140 Div. sei ausreichend.

Bd. XXVIII, S. 393 ff.
Der Prozeß gegen die Hauptkriegsverbrecher vor dem Internationalen Militärgerichtshof Nürnberg, 14. November 1945 – 1. Oktober 1946.

Aus der Weisung Nr. 32. Vorbereitungen für die Zeit nach Barbarossa vom 11. Juni 1941

Der Führer und Oberste Befehlshaber
der Wehrmacht   F. H. Qu., 11. 6. 1941
OKW/WFSt/Abt. L (I Op.) Nr. 44886/41 g. K. Chefsache
9 Entw.-Ausfert.
2. Ausfertigung
(Stpl) /**CHEF-SACHE / NUR DURCH OFFIZIER**
Weisung Nr. 32
Vorbereitungen für die Zeit nach Barbarossa
A. Nach der Zerschlagung der sowjetrussischen Wehrmacht werden Deutschland und Italien das europäische Festland – vorläufig ohne die iberische Halbinsel – militärisch beherrschen. Irgendeine ernsthafte Gefährdung des europäischen Raumes zu Lande besteht dann nicht mehr. Zu seiner Sicherung und für die noch in Betracht kommenden Angriffsoperationen genügen wesentlich geringere Kräfte des Heeres, als sie bisher aufrechterhalten werden mußten.
Der Schwerpunkt der Rüstung kann auf die Kriegsmarine und auf die Luftwaffe gelegt werden.
Die Vertiefung der deutsch-französischen Zusammenarbeit soll und kann weitere englische Kräfte entfesseln, die die Rückenbedrohung des nordafrikanischen Kriegsschauplatzes beseitigen, die Bewegungsmöglichkeit der britischen Flotte im westlichen Mittelmeer weiter einschränken und die tiefe

Südwestflanke des europäischen Kampfraumes einschl. der atlantischen Küste Nord- und Westafrikas gegen angelsächsischen Zugriff schützen.

Spanien wird in absehbarer Zeit vor die Frage gestellt werden, ob es bereit ist an der Vertreibung der Engländer aus Gibraltar mitzuwirken oder nicht.

Die Möglichkeit, auf die Türkei und den Iran einen starken Druck auszuüben, verbessert die Aussichten, auch diese Länder mittelbar oder unmittelbar für den Kampf gegen England nutzbar zu machen.

B. Aus dieser Lage heraus, wie sie sich nach der siegreichen Beendigung des Ostfeldzuges ergeben wird, können der Wehrmacht für den Spätherbst 1941 und den Winter 1941/42 folgende strategische Aufgaben erwachsen:

1. Der neugewonnene Ostraum muß organisiert, gesichert und unter voller Mitwirkung der Wehrmacht wirtschaftlich ausgenutzt werden. Wie stark diese Sicherungskräfte im russischen Raum zu bemessen sind, läßt sich mit Sicherheit erst später übersehen. Aller Voraussicht nach werden aber etwa 60 Divisionen und eine Luftflotte, neben den Verbündeten und befreundeten Kräften, für die weiteren Aufgaben im Osten genügen.

2. Fortsetzung des Kampfes gegen die britische Position im Mittelmeer und in Vorderasien durch konzentrierten Angriff, der aus Libyen durch Ägypten, aus Bulgarien durch die Türkei und unter Umständen auch aus Transkaukasien heraus durch den Iran vorgesehen ist.

a) In Nordafrika kommt es darauf an, daß Tobruk erledigt und hierdurch die Grundlage zur Fortführung des deutsch-italienischen Angriffes gegen den Suez-Kanal geschaffen wird. Er ist etwa für November vorzubereiten mit der Maßgabe, daß das Deutsche Afrika-Korps personell und materiell bis dahin auf den höchstmöglichen Stand gebracht und mit ausreichenden Reserven aller Art zu eigener Verfügung ausgestattet wird (bei Umbildung der 5. le. Div. in eine volle Panzer-Division), daß aber weitere große deutsche Verbände nicht nach Nordafrika überführt werden ...

b) Angesichts der zu erwartenden englischen Verstärkungen im Vorderen und Mittleren Orient und namentlich zum Schutz des Suez-Kanals wird eine deutsche Operation aus Bulgarien durch die Türkei ins Auge zu fassen sein mit dem Ziel, die englische Stellung am Suez-Kanal auch vom Osten her anzugreifen.

Zu diesem Zweck ist vorgesehen, so frühzeitig als (!) möglich so starke Kräfte in Bulgarien zu versammeln, wie nötig sind, die Türkei politisch gefügig zu machen oder ihren Widerstand mit Waffengewalt zu brechen.

c) Wenn der Zusammenbruch der Sowjetunion die Voraussetzung dafür geschaffen hat, ist ferner der Ansatz eines motorisierten Expeditionskorps aus Transkaukasien gegen den Irak in Verbindung mit den Operationen b) vorzubereiten.

d) Ausnutzung der arabischen Freiheitsbewegung. Die Lage der Engländer im Mittleren Orient wird bei größeren deutschen Operationen um so schwieriger sein, je mehr Kräfte durch Unruheherde oder Aufstandsbewegung zeitgerecht gebunden werden. Alle diesem Zwecke dienenden militärischen, politischen und propagandistischen Maßnahmen müssen in der Vorbereitungszeit engstens aufeinander abgestimmt sein. Als zentrale Außenstelle, die in allen Planungen und Maßnahmen im arabischen Raum einzuschalten ist, bestimme ich den Sonderstab F, der seinen Sitz im Bereich des Wehrmachtbefehlshabers Südost zu nehmen hat. Ihm sind die besten Sachkenner und Agenten beizugeben.

Die Aufgaben des Sonderstabes F regelt der Chef OKW – soweit politische Fragen berührt werden – im Benehmen mit dem Reichsaußenminister.

3. Schließung des Westeinganges in das Mittelmeer durch Ausschaltung von Gibraltar.

. . .

4. Neben diesen möglichen Operationen gegen die britische Machtstellung im Mittelmeer muß die „Belagerung Englands" nach Abschluß des Ostfeldzuges durch Kriegsmarine und Luftwaffe wieder in vollem Maße aufgenommen werden.

Alle diesem Zweck dienenden Rüstungsvorhaben haben damit

innerhalb der Gesamtrüstung den Vorrang. Gleichzeitig gilt es, die deutsche Luftverteidigung aufs höchste zu steigern. Vorbereitungen für eine Landung in England werden dem doppelten Ziel zu dienen haben, englische Kräfte im Mutterland zu binden und einen sich abzeichnenden Zusammenbruch Englands auszulösen und zu vollenden.

C. Zu welchem Zeitpunkt die geplanten Operationen im Mittelmeerraum und im Vorderen Orient begonnen werden können, läßt sich noch nicht übersehen. Die stärkste operative Wirkung würde ein möglichst gleichzeitiger Beginn der Angriffe gegen Gibraltar, Ägypten und Palästina ergeben.

Ob das möglich sein wird, hängt, neben einer Reihe von Faktoren, die heute noch nicht zu übersehen sind, in erster Linie davon ab, ob die Luftwaffe in der Lage sein wird, die erforderlichen Kräfte zur Unterstützung dieser drei Operationen gleichzeitig einzusetzen.

D. Die Herren Oberbefehlshaber ersuche ich, nach diesen vorläufigen Absichten ihre gedanklichen und organisatorischen Vorbereitungen zu treffen und mich von deren Ergebnissen so rechtzeitig zu unterrichten, daß meine endgültigen Weisungen noch während des Ostfeldzuges erlassen werden können.

(nicht unterzeichnet)

Hans-Adolf Jacobsen: 1939–1945. Der zweite Weltkrieg in Chronik und Dokumenten. Darmstadt 1959, S. 220–223.

Dokument 884-PS
Geheime Kommandosache: Vortragsnotiz Warlimonts vom 12. Mai 1941 über die Notwendigkeit einer Entscheidung Hitlers, ob gefangene politische und militärische russische Funktionäre zu liquidieren seien oder nicht (Kommissarbefehl)

Geheime Kommandosache

Abt. Landesverteidigung F.H.Qu., den 12.5.1941
(IV/Qu)

Chefsache!
Nur durch Offizier!

Betr.: Behandlung gefangener politischer und milit. russischer Funktionäre.

Vortragsnotiz.

I. OKH hat einen Entwurf für
„Richtlinien betr. Behandlung politischer Hoheitsträger usw. für die einheitliche Durchführung des bereits am 31. 3. 1941 erteilten Auftrages"
vorgelegt, der als Anlage 1 beiliegt.
Dieser Entwurf sieht vor:
1.) Politische Hoheitsträger und Leiter (Kommissare) sind zu beseitigen.
2.) Soweit sie von der Truppe ergriffen werden, Entscheidung durch einen Offizier mit Disziplinarstrafgewalt, ob der Betreffende zu beseitigen ist. Hierzu genügt die Feststellung, dass der Betreffende politischer Hoheitsträger ist.
3.) Politische Leiter in der Truppe werden nicht als Gefangene anerkannt und sind spätestens in den Dulags zu erledigen. Kein Abschieben nach rückwärts.
4.) Fachliche Leiter von wirtschaftlichen und technischen Betrieben sind nur zu ergreifen, wenn sie sich gegen die Deutsche Wehrmacht auflehnen.

5.) Die Durchführung der Operationen darf durch diese Massnahmen nicht gestört werden. Planmässige Such- und Säuberungsaktionen unterbleiben.
6.) Im rückwärtigen Heeresgebiet Hoheitsträger und Kommissare mit Ausnahme der politischen Leiter in der Truppe den Einsatzkommandos der Sicherheitspolizei abzugeben.

II. Demgegenüber sieht die Denkschrift 3 des Reichsleiter Rosenberg vor, dass nur hohe und höchste Funktionäre zu erledigen seien, da die staatlichen, kommunalen und wirtschaftlichen Funktionäre für die Verwaltung des besetzten Gebietes unentbehrlich sind.

III. Es ist deshalb eine Entscheidung des Führers erforderlich, welche Grundsätze massgebend sein sollen.

Vorschlag L für den Fall II:

1.) Funktionäre, die sich gegen die Truppe wenden, was von dem radikalen Teil zu erwarten ist, fallen unter den „Erlass über die Ausübung der Kriegsgerichtsbarkeit im Gebiet Barbarossa". Sie sind als Freischärler zu erledigen. Eine gleiche Behandlung sehen die „Richtlinien für das Verhalten der Truppe in Russland" (Anlage 2) vor.
2.) Funktionäre, die sich keiner feindlichen Handlung schuldig machen, werden zunächst unbehelligt bleiben. Man wird es der Truppe kaum zumuten können, die verschiedenen Dienstgrade der einzelnen Sektoren aussondern zu können. Erst bei der weiteren Durchdringung des Landes wird es möglich sein zu entscheiden, ob die verbliebenen Funktionäre an Ort und Stelle belassen werden können oder an die Sonderkommandos zu übergeben sind, sofern nicht diese selbst die Überprüfung vorzunehmen in der Lage sind.
3.) Funktionäre in der Truppe werden entsprechend dem Vorschlag OKH zu behandeln sein. Diese werden nicht als Gefangene anerkannt und sind spätestens in den

Durchgangslagern zu erledigen und keinesfalls nach rückwärts abzuschieben.

[...] Warlimont

Der Prozeß gegen die Hauptkriegsverbrecher vor dem Internationalen Militärgerichtshof Nürnberg. Bd. XXVI, S. 406 ff.

Befehl des Armeeoberkommandos 6 über das „Verhalten der Truppe im Ostraum" vom 10. Oktober 1941

Armeeoberkommando 6   A. H. Qu., den 10. 10. 1941

Abt. I a – Az. 7   Geheim!
Betr.: Verhalten der Truppe im Ostraum
Hinsichtlich des Verhaltens der Truppe gegenüber dem bolschewistischen System bestehen vielfach noch unklare Vorstellungen.
Das wesentlichste Ziel des Feldzuges gegen das jüdisch-bolschewistische System ist die völlige Zerschlagung der Machtmittel und die Ausrottung des asiatischen Einflusses im europäischen Kulturkreis.
Hierdurch entstehen auch für die Truppe Aufgaben, die über das hergebrachte einseitige Soldatentum hinausgehen. Der Soldat ist im Ostraum nicht nur Kämpfer nach den Regeln der Kriegskunst, sondern auch Träger einer unerbittlichen völkischen Idee und der Rächer für alle Bestialitäten, die deutschem und artverwandtem Volkstum zugefügt wurden.
Deshalb muß der Soldat für die Notwendigkeit der harten, aber gerechten Sühne am jüdischen Untermenschentum *volles* Verständnis haben. Sie hat den weiteren Zweck, Erhebungen im Rücken der Wehrmacht, die erfahrungsgemäß stets von Juden angezettelt wurden, im Keime zu ersticken.

Der Kampf gegen den Feind hinter der Front wird noch nicht ernst genug genommen. Immer noch werden heimtückische, grausame *Partisanen* und entartete Weiber zu Kriegsgefangenen gemacht, immer noch werden halb uniformierte oder in Zivil gekleidete Heckenschützen und Herumtreiber wie anständige Soldaten behandelt und in die Gefangenenlager abgeführt. Ja, die gefangenen russischen Offiziere erzählen hohnlächelnd, daß die *Agenten der Sowjets* sich unbehelligt auf den Straßen bewegen und häufig an den deutschen Feldküchen mitessen. Ein solches Verhalten der Truppe ist nur noch durch völlige Gedankenlosigkeit zu erklären. Dann ist es aber für die Vorgesetzten Zeit, den Sinn für den gegenwärtigen Kampf wachzurufen.

Das *Verpflegen von Landeseinwohnern und Kriegsgefangenen*, die nicht im Dienste der Wehrmacht stehen, an Truppenküchen ist eine ebenso mißverstandene Menschlichkeit wie das Verschenken von Zigaretten und Brot. Was die Heimat unter großer Entsagung entbehrt, was die Führung unter größten Schwierigkeiten nach vorn bringt, hat nicht der Soldat an den Feind zu verschenken, auch nicht, wenn es aus der Beute stammt. Sie ist ein notwendiger Teil unserer Versorgung.

Die Sowjets haben bei ihrem Rückzug häufig Gebäude in Brand gesteckt. Die Truppe hat nur soweit ein Interesse an Löscharbeiten, als notwendige Truppenunterkünfte erhalten werden müssen. Im übrigen liegt das Verschwinden der Symbole einstiger Bolschewistenherrschaft, auch in Gestalt von Gebäuden, im Rahmen des Vernichtungskampfes. Weder geschichtliche noch künstlerische Rücksichten spielen hierbei im Ostraum eine Rolle. Für die Erhaltung der wehrwirtschaftlich wichtigen Rohstoffe und Produktionsstätten gibt die Führung die notwendigen Weisungen.

Die restlose *Entwaffnung der Bevölkerung* im Rücken der fechtenden Truppe ist mit Rücksicht auf die langen, empfindlichen Nachschubwege vordringlich, wo möglich, sind Beutewaffen und Munition zu bergen und zu bewachen. Erlaubt dies die Kampflage nicht, so sind Waffen und Munition

unbrauchbar zu machen. Wird im Rücken der Armee Waffengebrauch einzelner Partisanen festgestellt, so ist mit drakonischen Maßnahmen durchzugreifen. Diese sind auch auf die männliche Bevölkerung auszudehnen, die in der Lage gewesen wäre, Anschläge zu verhindern oder zu melden. Die Teilnahmslosigkeit zahlreicher angeblich sowjetfeindlicher Elemente, die einer abwartenden Haltung entspringt, muß einer klaren Entscheidung zur aktiven Mitarbeit gegen den Bolschewismus weichen. Wenn nicht, kann sich niemand beklagen, als Angehöriger des Sowjet-Systems gewertet und behandelt zu werden. Der Schrecken vor den deutschen Gegenmaßnahmen muß stärker sein als die Drohung der umherirrenden bolschewistischen Restteile. *Fern von allen politischen Erwägungen der Zukunft hat der Soldat zweierlei zu erfüllen:*
1. die völlige Vernichtung der bolschewistischen Irrlehre, des Sowjet-Staates und seiner Wehrmacht,
2. die erbarmungslose Ausrottung artfremder Heimtücke und Grausamkeit und damit die Sicherung des Lebens der deutschen Wehrmacht in Rußland.
Nur so werden wir unserer geschichtlichen Aufgabe gerecht, das deutsche Volk von der *asiatisch-jüdischen Gefahr ein für allemal zu befreien.*

Der Oberbefehlshaber:
gez. (Unterschrift)
Generalfeldmarschall

Der Prozeß gegen die Hauptkriegsverbrecher vor dem Internationalen Militärgerichtshof, Nürnberg, Bd. XXXV, S. 81–83.

Rundfunkrede J. W. Stalins an das sowjetische Volk am 3. 7. 1941

An euch wende ich mich, meine Freunde!
Der von Hitlerdeutschland am 22. Juni wortbrüchig begonnene militärische Überfall auf unsere Heimat dauert an. Trotz des heldenhaften Widerstands der Roten Armee und ungeachtet dessen, daß die besten Divisionen des Feindes und die besten Einheiten seiner Luftwaffe schon zerschmettert sind und auf den Schlachtfeldern ihr Grab gefunden haben, setzt der Feind, der neue Kräfte an die Front wirft, sein Vordringen weiter fort. Es ist den Hitlertruppen gelungen, Litauen, einen beträchtlichen Teil Lettlands, den westlichen Teil Belorußlands, einen Teil des Westukraine zu besetzen. Die faschistische Luftwaffe erweitert den Tätigkeitsbereich ihrer Bombenflugzeuge und bombadiert Murmansk, Orscha, Mogilew, Smolensk, Kiew, Odessa, Sewastopol. Über unsere Heimat ist eine ernste Gefahr heraufgezogen.
Wie konnte es geschehen, daß unsere ruhmvolle Rote Armee den faschistischen Truppen eine Reihe unserer Städte und Gebiete überlassen hat? Sind die faschistischen deutschen Truppen denn etwa in Wirklichkeit unbesiegbare Truppen, wie das die großmäuligen faschistischen Propagandisten unermüdlich in die Welt hinausposaunen?
Natürlich nicht! Die Geschichte zeigt, daß es keine unbesiegbaren Armeen gibt und nie gegeben hat. Napoleons Armee galt als unbesiegbar, aber sie wurde abwechselnd von russischen, englischen und deutschen Truppen geschlagen. Die deutsche Armee Wilhelms zur Zeit des ersten imperialistischen Krieges galt ebenfalls als eine unbesiegbare Armee, aber sie erlitt mehrere Male Niederlagen durch die russischen und englisch-französischen Truppen und wurde zuletzt von den englisch-französischen Truppen vernichtend geschlagen. Dasselbe muß von der jetzigen faschistischen deutschen Armee Hitlers gesagt werden. Diese Armee ist auf dem europäischen Festland noch auf keinen ernsten Widerstand gestoßen. Erst auf

unserem Gebiet stieß sie auf ernsten Widerstand. Und wenn im Ergebnis dieses Widerstands unsere Rote Armee die besten Divisionen der faschistischen deutschen Armee geschlagen hat, so bedeutet das, daß die faschistische Hitlerarmee ebenfalls geschlagen werden kann und geschlagen werden wird, wie die Armeen Napoleons und Wilhelms geschlagen worden sind.

Die Tatsache aber, daß ein Teil unseres Gebietes dennoch von den faschistischen deutschen Truppen besetzt worden ist, erklärt sich hauptsächlich daraus, daß der Krieg des faschistischen Deutschlands gegen die UdSSR unter Bedingungen begonnen hat, die für die deutschen Truppen günstig und für die Sowjettruppen ungünstig waren. Es handelt sich darum, daß die Streitkräfte Deutschlands als eines kriegsführenden Landes schon völlig mobilisiert waren, und die von Deutschland gegen die UdSSR geworfenen 170 Divisionen, die an den Grenzen der UdSSR aufmarschiert waren, befanden sich in voller Bereitschaft und warteten nur auf das Signal zum Vorgehen, während die Sowjettruppen erst mobilisiert und an die Grenzen vorgeschoben werden mußten. Von nicht geringer Bedeutung war dabei auch der Umstand, daß das faschistische Deutschland unerwartet und wortbrüchig den im Jahre 1939 zwischen ihm und der UdSSR abgeschlossenen Nichtangriffspakt zerrissen hat, ohne Rücksicht darauf, daß es von der ganzen Welt als Angreifer erklärt werden würde. Es ist verständlich, daß unser friedliebendes Land, das die Initiative zur Verletzung des Pakts nicht ergreifen wollte, den Weg des Wortbruchs nicht beschreiten konnte.

Man könnte fragen: Wie konnte es geschehen, daß sich die Sowjetregierung auf den Abschluß eines Nichtangriffspakts mit solchen wortbrüchigen Leuten und Ungeheuern wie Hitler und Ribbentrop eingelassen hat? Ist hier von der Sowjetregierung nicht ein Fehler begangen worden? Natürlich nicht! Ein Nichtangriffspakt ist ein Friedenspakt zwischen zwei Staaten. Eben einen solchen Pakt hat Deutschland uns im Jahre 1939 angeboten. Konnte die Sowjetregierung ein solches Angebot ablehnen? Ich denke, kein einziger friedliebender Staat kann ein Friedensabkommen mit einem benachbarten Reich ablehnen, selbst wenn an der Spitze dieses Reiches solche Ungeheuer und Kannibalen stehen wie Hitler und Ribbentrop. Dies aber natürlich unter der einen unerläßlichen Bedingung, daß das Friedensabkommen weder direkt noch indirekt die territoriale Integrität, die Unabhängigkeit und die Ehre des friedliebenden Staates berührt. Bekanntlich ist der Nichtangriffspakt zwischen Deutschland und der UdSSR gerade ein solcher Pakt. Was haben wir durch den Abschluß des Nichtangriffspakts mit Deutschland gewonnen? Wir haben unserem Lande für anderthalb Jahre den Frieden gesichert sowie die Möglichkeit, unsere Kräfte zur Abwehr vorzubereiten, falls das faschistische Deutschland es riskieren sollte, unser Land trotz des Pakts zu überfallen. Das ist ein bestimmter Gewinn für uns und ein Verlust für das faschistische Deutschland.

Was hat das faschistische Deutschland durch die wortbrüchige Zerreißung des Pakts und den Überfall auf die UdSSR gewonnen, und was hat es verloren? Es hat dadurch für kurze Zeit eine gewisse vorteilhafte Lage für seine Truppen erzielt, hat aber in politischer Hinsicht verloren, da es sich in den Augen der ganzen Welt als blutiger Aggressor entlarvt hat. Es ist nicht zu bezweifeln, daß diese kurzfristige militärische Gewinn für Deutschland nur eine Episode ist, während der gewaltige politische Gewinn für die UdSSR ein ernster Faktor von langer Dauer ist, auf den gegründet sich entscheidende militärische Erfolge der Roten Armee im Krieg gegen das faschistische Deutschland entfalten müssen.

Das eben ist der Grund, weshalb unsere ganze heldenmütige Armee, unsere ganze heldenhafte Kriegsmarine, alle unsere Fliegerfalken, alle Völker unseres Landes, alle wertvollen Menschen Europas, Amerikas und Asiens und schließlich alle wertvollen Menschen Deutschlands die wortbrüchigen Handlungen der deutschen Faschisten brandmarken und der Sowjetregierung ihre Sympathien entgegenbringen, die Handlungsweise der Sowjetregierung billigen, und weshalb sie erkennen, daß unsere Sache gerecht ist, daß der Feind zerschmettert werden wird, daß wir siegen müssen.

Mit dem uns aufgezwungenen Krieg hat unser Land den Kampf auf Leben und Tod gegen seinen schlimmsten und heimtückischsten Feind, den deutschen Faschismus, aufgenommen. Unsere Truppen schlagen sich heldenhaft mit einem Feind, der bis an die Zähne mit Panzern und Flugzeugen bewaffnet ist. Die Rote Armee und die Rote Flotte kämpfen aufopferungsvoll unter Überwindung zahlreicher Schwierigkeiten um jeden Fußbreit Sowjetbodens. In den Kampf treten die mit tausenden Panzern und Flugzeugen ausgerüsteten Hauptkräfte der Roten Armee. Die Tapferkeit der Kämpfer der Roten Armee ist beispiellos. Unser Widerstand gegen den Feind wächst und erstarkt. Zusammen mit der Roten Armee erhebt sich das ganze Sowjetvolk zur Verteidigung seiner Heimat . . .

Den Krieg gegen das faschistische Deutschland darf man nicht als gewöhnlichen Krieg betrachten. Er ist nicht nur ein Krieg zwischen zwei Armeen. Er ist zugleich der große Krieg des ganzen Sowjetvolks gegen die faschistischen deutschen Truppen. Dieser Vaterländische Volkskrieg gegen die faschistischen Unterdrücker hat nicht nur das Ziel, die über unser Land heraufgezogene Gefahr zu beseitigen, sondern auch allen Völkern Europas zu helfen, die unter dem Joch des deutschen Faschismus stöhnen. In diesem Befreiungskrieg werden wir nie allein dastehen. In diesem großen Krieg werden wir treue Verbündete an den Völkern Europas und Amerikas haben, darunter auch am deutschen Volk, das von den faschistischen Machthabern versklavt ist. Unser Krieg für die Freiheit unseres Vaterlandes wird verschmelzen mit dem Kampf der Völker. Europas und Amerikas für ihre Unabhängigkeit, für die demokratischen Freiheiten. Das wird die Einheitsfront der Völker sein, die für die Freiheit, gegen die Versklavung und die drohende Unterjochung durch die faschistischen Armeen Hitlers eintreten. Durchaus begreiflich und bezeichnend ist in diesem Zusammenhang die historische Rede des Herrn Churchill, des Premierministers Großbritanniens, über die Hilfe für die Sowjetunion, sowie die Deklaration der Regierung der Vereinigten Staaten von Amerika über ihre Bereitschaft, unserem Land Hilfe zu erweisen – Erklärungen, die in den Herzen der Völker der Sowjetunion nur das Gefühl der Dankbarkeit hervorrufen können.

Genossen! Unsere Kräfte sind unermeßlich. Der frechgewordene Feind wird sich bald davon überzeugen müssen. Zusammen mit der Roten Armee erheben sich Tausende und aber Tausende der Arbeiter, Kollektivbauern und der Intelligenz zum Krieg gegen den Feind, der uns überfallen hat. Erheben werden sich die Millionenmassen unseres Volkes. Die Werktätigen von Moskau und Leningrad sind schon dazu übergegangen, eine vieltausendköpfige Volkswehr zur Unterstützung der Roten Armee zu schaffen. In jeder Stadt, der die Gefahr eines feindlichen Überfalls droht, müssen wir eine derartige Volkswehr schaffen, müssen wir alle Werktätigen zum Kampf mobilisieren, um in unserem Vaterländischen Krieg gegen den deutschen Faschismus unsere Freiheit, unsere Ehre, unsere Heimat unter Einsatz unseres Lebens zu verteidigen.

Um alle Kräfte der Völker der UdSSR schnellstens zu mobilisieren, um dem Feind, der wortbrüchig unsere Heimat überfallen hat, eine Abfuhr zu erteilen, ist das Staatliche Verteidigungskomitee gebildet worden, in dessen Händen jetzt die gesamte Macht im Staat konzentriert ist. Das Staatliche Verteidigungskomitee hat seine Arbeit aufgenommen und ruft das ganze Volk auf, sich fest um die Partei Lenins-Stalins, um die Sowjetregierung zusammenzuschließen zu dem Zweck, die Rote Armee und die Rote Flotte opferwillig zu unterstützen, den Feind zu zerschmettern, den Sieg zu erkämpfen.

Alle unsere Kräfte – für die Unterstützung unser heldenhaften Roten Armee, unserer ruhmvollen Roten Flotte!

Alle Kräfte des Volkes – für die Zerschmetterung des Feindes!

Vorwärts zu unserem Sieg!

J. Stalin, Über den Großen Vaterländischen Krieg der Sowjetunion, Berlin 1951, S. 5 ff.

Unsere Aufgaben

Lenin unterschied zwei Arten von Kriegen: Eroberungskriege, daß heißt ungerechte Kriege, und Befreiungskriege, gerechte Kriege.
Die Deutschen führen heute einen Raubkrieg, einen ungerechten Krieg, der auf die Eroberung fremden Gebiets und die Unterwerfung fremder Völker abzielt. Darum müssen sich alle ehrlichen Menschen gegen die deutschen Eindringlinge als gegen ihre Feinde erheben.
Zum Unterschied von Hitlerdeutschland führen die Sowjetunion und ihre Bundesgenossen einen Befreiungskrieg, einen gerechten Krieg, der auf die Befreiung der unterjochten Völker Europas und der UdSSR von der Hitlertyrannei abzielt. Darum müssen alle ehrlichen Menschen die Armeen der UdSSR, Großbritanniens und der anderen Verbündeten als Befreiungsarmeen unterstützen.
Wir haben keine Kriegsziele und können keine Kriegsziele haben wie die Eroberung fremder Gebiete oder die Unterwerfung fremder Völker, ganz gleich, ob es sich um Völker und Gebiete Europas oder um Völker und Gebiete Asiens, darunter auch Irans , handelt. Unser erstes Ziel besteht darin, unsere Gebiete und unsere Völker vom faschistischen deutschen Joch zu befreien.
Wir haben keine Kriegsziele und können keine Kriegsziele haben wie etwas das Ziel, den slawischen und den anderen unterjochten Völkern Europas, die von uns Hilfe erwarten, unseren Willen und unser Regime aufzuzwingen. Unser Ziel besteht darin, diesen Völkern in ihrem Befreiungskampf gegen die Hitlertyrannei zu helfen und es ihnen dann zu überlassen, sich auf ihrem Boden völlig frei so einzurichten, wie sie wollen. Keinerlei Einmischung in die inneren Angelegenheiten der anderen Völker!
Um aber diese Ziele verwirklichen zu können, gilt es, die militärische Macht der deutschen Eindringlinge zu zerschmet-

tern, gilt es, alle deutschen Okkupanten, die in unser Heimatland eingedrungen sind, um es zu unterjochen, bis auf den letzten Mann auszutilgen. (Stürmischer, lang anhaltender Beifall.)
Dazu aber ist es notwendig, daß unsere Armee und unsere Flotte von unserem ganzen Lande wirksam und aktiv unterstützt werden, daß unsere Arbeiter und Angestellten, Männer und Frauen, in den Betrieben arbeiten, ohne die Hände in den Schoß zu legen, und der Front immer mehr und mehr Panzer, Panzerbüchsen und Panzerabwehrgeschütze, Flugzeuge, Kanonen, Granatwerfer, Maschinengewehre, Gewehre und Munition liefern, daß unsere Kollektivbauern, Männer und Frauen, auf ihren Feldern arbeiten, ohne die Hände in den Schoß zu legen, und der Front und dem Lande immer mehr und mehr Getreide, Fleisch und Industrierohstoffe liefern, daß unser ganzes Land und alle Völker der UdSSR sich zu einem einigen Kampflager zusammenschließen, daß gemeinsam mit unserer Armee und unserer Flotte den großen Befreiungskrieg für die Ehre und die Freiheit unserer Heimat, für die Zerschmetterung der deutschen Armee führt ...

Aus dem Bericht zum 24. Jahrestag der Großen Sozialistischen Oktoberrevolution am 6. 11. 1941, in: J. Stalin, Über den Großen Vaterländischen Krieg der Sowjetunion, Berlin 1951, S. 16 ff.

Befehl: Des Obersten Befehlshabers an die Truppen der Roten Armee und die Kriegsmarine

Am 8. Mai 1945 wurde in Berlin von Vertretern des deutschen Oberkommandos die Urkunde über die bedingungslose Kapitulation der deutschen Streitkräfte unterzeichnet.
Der Große Vaterländische Krieg, den das Sowjetvolk gegen die faschistischen deutschen Okkupanten führte, ist siegreich beendet, Deutschland ist restlos geschlagen.

Genossen Rotarmisten und Matrosen der Roten Flotte, Serganten und Obermaate, Offiziere der Armee und Flotte, Generale, Admirale und Marschälle, ich beglückwünsche euch zur siegreichen Beendigung des Großen Vaterländischen Krieges. In Würdigung des vollen Sieges über Deutschland salutiert heute, den 9. Mai, am Tage des Sieges, um 22 Uhr die Hauptstadt unserer Heimat, Moskau, im Namen der Heimat den heldenmütigen Truppen der Roten Armee, den Schiffen und Formationen der Kriegsmarine, die diesen glänzenden Sieg errungen haben, mit dreißig Artilleriesalven aus tausend Geschützen.

Ewiger Ruhm den Helden, die in den Kämpfen für die Freiheit und Unabhängigkeit unserer Heimat gefallen sind!

Es lebe die siegreiche Rote Armee und die siegreiche Kriegsmarine!

Der Oberste Befehlshaber,
Marschall der Sowjetunion
J. Stalin

9. Mai 1945. Nr. 369.

J. Stalin, Über den Großen Vaterländischen Krieg der Sowjetunion, Berlin 1951, S. 224 f.

Besetzte Gebiete

Aus der Anklageschrift des Internationalen Militärgerichtshofs Nürnberg:

[. . .] Die von Deutschland besetzten Gebiete wurden in einer das Kriegsrecht verletzenden Weise verwaltet. Das Beweismaterial für eine systematische Herrschaft von Gewalttätigkeit, Roheit und Schrecken ist völlig erdrückend [. . .]

Eine der berüchtigten Methoden, um die Einwohner der besetzten Gebiete in Schrecken zu halten, war die Einrichtung von Konzentrationslagern. Diese wurden zum ersten Mal bei der Machtübernahme durch die Nazi-Regierung in Deutschland eingerichtet. Ihr ursprünglicher Zweck war die Einsperrung aller Personen ohne Prozeß, die Gegner der Regierung waren oder in irgendeiner Weise den deutschen Behörden unliebsam erschienen. Mit Hilfe der Geheimpolizei wurde diese Methode weitgehend ausgedehnt, und Konzentrationslager wurden mit der Zeit die Schauplätze organisierter und systematischer Morde, bei denen Millionen Menschen ums Leben kamen.

Die Verwaltung der besetzten Gebiete benutzte die Konzentrationslager zur Vernichtung aller Oppositionsgruppen.

Die von der Gestapo verhafteten Personen wurden in der Regel in Konzentrationslager überführt. In zahlreichen Fällen wurden sie ohne jegliche Fürsorgemaßnahmen in die Lager abtransportiert, und eine große Zahl starb während des Transportes. Diejenigen, die im Lager ankamen, wurden systematischen Grausamkeiten ausgesetzt. Sie mußten schwere körperliche Arbeit leisten, erhielten unzureichende Nahrung, Kleidung und Unterkunft und waren andauernd den Härten eines gefühllosen Regimes und den persönlichen Launen der einzelnen Wachmannschaften ausgesetzt. Im Bericht vom 21. Juni 1945, herausgegeben von der Abteilung für Kriegsverbrechen des Generalstaatsanwaltes der Dritten Armee der Vereinigten Staaten, werden die Zustände im Konzentrationslager Flossenbürg untersucht, und eine Stelle daraus mag hier zitiert werden:

„Das Konzentrationslager Flossenbürg kann am besten als eine Fabrik des Todes bezeichnet werden. Obwohl dieses Lager in erster Linie dem Zwecke des Arbeitseinsatzes für Massensklavenarbeit dienen sollte, war ein anderer seiner hauptsächlichsten Zwecke die Vernichtung von Menschenleben durch die bei der Behandlung der Gefangenen angewandten Methoden. Hunger und Hungerrationen, Sadismus, unzureichende Bekleidung, Vernachlässigung ärztlicher Betreuung, Krankheit, Schläge, Erhängen mit der Hand, Erfrieren, erzwungener Selbstmord, Erschießen usw. spielten eine führende Rolle zur

Erreichung dieses Zieles. Gefangene wurden willkürlich ermordet, mutwillige Ermordungen am Juden waren häufig, Gifteinspritzungen und Genickschüsse waren alltägliche Erscheinungen. Typhusepidemien und Fleckfieber wurden zugelassen und dienten als Mittel zur Ausrottung von Gefangenen. In diesem Lager hatten Menschenleben keinen Wert. Mord wurde ein alltägliches Ereignis, so alltäglich, daß die Unglücklichen einen schnellen Tod sogar willkommen hießen."

In einer Anzahl von Konzentrationslagern wurden zur Massenvernichtung der Insassen Gaskammern mit Öfen zum Verbrennen der Leichen eingerichtet. Von diesen wurden einige tatsächlich zur Ausrottung der Juden als Teil der ‚Endlösung' des jüdischen Problems verwendet. Die Mehrzahl der nichtjüdischen Insassen wurde zu körperlicher Arbeit verwendet, obwohl die Bedingungen, unter denen sie arbeiteten, körperliche Arbeit und Tod fast gleichsetzten. Diejenigen Insassen, die erkrankten und nicht mehr arbeitsfähig waren, wurden entweder in den Gaskammern ermordet oder in besondere Krankenhäuser überführt, wo ihnen völlig unzureichende ärztliche Behandlung zuteil wurde, wo sie womöglich noch schlechtere Nahrung erhielten als die arbeitenden Insassen, und wo sie dem Tode überliefert wurden.

Die Ermordung und Mißhandlung der Zivilbevölkerung erreichte ihren Höhepunkt in der Behandlung der Bürger der Sowjetunion und Polens [. . .]

Der Prozeß gegen die Hauptkriegsverbrecher vor dem Internationalen Militärgerichtshof Nürnberg, Bd. I, S. 189 ff.

Dokument 389-PS

Geheime Kommandosache: Richtlinien Keitels vom 16. September 1941 über Vergeltungsmaßnahmen bei Widerstand gegen die deutsche Besatzungsmacht in den besetzten Ostgebieten

Der Chef   F. H. Qu., 16. 9. 41
des Oberkommandos der Wehrmacht
  WFSt / Abt. L (IV / Qu)   **Geheime Kommandosache**
    Nr. 002060/41 g.Kdos.   40 Ausfertigungen
                                         25. Ausfertigung.

Betr.: Kommunistische Aufstandsbewegung in den besetzten Gebieten.

1.) Seit Beginn des Feldzuges gegen Sowjetrussland sind in den von Deutschland besetzten Gebieten allenthalben kommunistische Aufstandsbewegungen ausgebrochen. Die Formen des Vorgehens steigern sich von propagandistischen Massnahmen und Anschlägen gegen einzelne Wehrmachtangehörige bis zum offenen Aufruhr und verbreitetem Bandenkrieg.

Es ist festzustellen, dass es sich hierbei um eine von Moskau einheitlich geleitete Massenbewegung handelt, der auch die geringfügig erscheinenden Einzelvorfälle in bisher sonst ruhigen Gebieten zur Last zu legen sind.

Angesichts der vielfachen politischen und wirtschaftlichen Spannungen in den besetzten Gebieten muss ausserdem damit gerechnet werden, dass nationalistische und andere Kreise diese Gelegenheit ausnutzen, um durch Anschluss an den kommunistischen Aufruhr Schwierigkeiten für die deutsche Besatzungsmacht hervorzurufen.

Auf diese Weise entsteht in zunehmendem Masse eine Gefahr für die deutsche Kriegsführung, die sich zunächst in einer allgemeinen Unsicherheit für die Besatzungstruppe zeigt und auch bereits zum Abzug von Kräften nach den hauptsächlichen Unruheherden geführt hat.

2.) Die **bisherigen Massnahmen**, um dieser allgemeinen kommunistischen Aufstandsbewegung zu begegnen, haben sich **als unzureichend erwiesen**.
Der Führer hat nunmehr angeordnet, dass **überall mit den schärfsten Mitteln** einzugreifen ist, um die Bewegung in kürzester Zeit niederzuschlagen.
Nur auf diese Weise, die in der Geschichte der Machterweiterung grosser Völker immer mit Erfolg angewandt worden ist, kann die Ruhe wieder hergestellt werden.
3.) Hierbei ist nach folgenden **Richtlinien** zu verfahren:
   a) Bei **jedem Vorfall** der Auflehnung gegen die deutsche Besatzungsmacht, gleichgültig wie die Umstände im einzelnen liegen mögen, muss auf **kommunistische Ursprünge** geschlossen werden.
   b) Um die Umtriebe im Keime zu ersticken, sind **beim ersten Anlass** unverzüglich die schärfsten Mittel anzuwenden, um die Autorität der Besatzungsmacht durchzusetzen und einem weiteren Umsichgreifen vorzubeugen. Dabei ist zu bedenken, dass ein Menschenleben in den betroffenen Ländern vielfach nichts gilt und eine abschreckende Wirkung nur durch ungewöhnliche Härte erreicht werden kann. Als Sühne für ein deutsches Soldatenleben muss in diesen Fällen im allgemeinen die Todesstrafe für 50–100 Kommunisten als angemessen gelten. Die Art der Vollstreckung muss die abschreckende Wirkung noch erhöhen.
   Das umgekehrte Verfahren, zunächst mit verhältnismässig milden Strafen vorzugehen und zur Abschreckung sich mit Androhung verschärfter Massnahmen zu begnügen, entspricht diesen Grundsätzen nicht und ist daher nicht anzuwenden.
   c) Die **politischen Beziehungen** zwischen Deutschland und dem betroffenen Lande sind für das Verhalten der militärischen Besatzungsbehörde nicht massgebend.
   Es ist vielmehr zu bedenken und auch propagandistisch herauszustellen, dass scharfes Zugreifen auch die ein-

heimische Bevölkerung von den kommunistischen Verbrechern befreit und ihr damit selbst zugutekommt.
Eine geschickte Propaganda dieser Art wird infolgedessen auch nicht dazu führen, dass sich nun aus den scharfen Massnahmen gegen die Kommunisten unerwünschte Rückwirkungen in den gutgesinnten Teilen der Bevölkerung ergeben.

d) Landeseigene Kräfte werden im allgemeinen zur Durchsetzung solcher Gewaltmassnahmen versagen. Ihre Verstärkung bringt erhöhte Gefahren für die eigene Truppe mit sich und muss daher unterbleiben. Dagegen kann von Prämien und Belohnungen für die Bevölkerung Gebrauch gemacht werden, um ihre Mithilfe in geeigneter Form zu sichern.

e) Soweit ausnahmsweise kriegsgerichtliche Verfahren in Verbindung mit kommunistischem Aufruhr oder mit sonstigen Verstössen gegen die deutsche Besatzungsmacht anhängig gemacht werden sollten, sind die schärfsten Strafen geboten.
Ein wirkliches Mittel der Abschreckung kann hierbei nur die Todesstrafe sein. Insbesondere müssen Spionagehandlungen, Sabotageakte und Versuche, in eine fremde Wehrmacht einzutreten, grundsätzlich mit dem Tode bestraft werden. Auch bei Fällen des unerlaubten Waffenbesitzes ist im allgemeinen die Todesstrafe zu verhängen.

4.) Die Befehlshaber in den besetzten Gebieten sorgen dafür, dass diese Grundsätze allen militärischen Dienststellen, die mit der Behandlung kommunistischer Aufruhrmassnahmen befasst werden, unverzüglich bekanntgegeben werden.

[...] Keitel

Der Prozeß gegen die Hauptkriegsverbrecher vor dem Internationalen Militärgerichtshof, Nürnberg, Bd. XXV, S. 530 ff.

Aus dem Dokument 170—USSR

Besprechung Görings mit den Reichskommissaren und Vertretern der Militärbefehlshaber für die besetzten Gebiete am 6. August 1942 über die rücksichtslose Ausplünderung dieser Gebiete.

Geheim!   Geheim
Stenographischer Bericht über die Besprechung des Reichsmarschalls Göring mit den Reichskommissaren für die besetzten Gebiete und den Militärbefehlshabern über die Ernährungslage am Donnerstag, dem 6. August 1942, 4 Uhr nachm., im Hermann-Göring-Saal des Reichsluftfahrtministeriums. [. . .]

Reichsmarschall Göring: [. . .] Der Führer hat wiederholt ausgesprochen, und ich habe es ihm nachgesprochen: wenn gehungert wird, dann hungert nicht der Deutsche, sondern andere, wenn gehungert werden muß. [. . .] In diesem Augenblick beherrscht Deutschland vom Atlantik bis zur Wolga und zum Kaukasus das Fruchtbarste an Kornkammern, was überhaupt jemals im europäischen Raum vorhanden war, ein Land, reicher denn je zuvor an Gestaltung und Fruchtbarkeit, nach dem andern wurde von unseren Truppen erobert, wenn auch einzelne Länder dabei sind, die nicht als Kornkammern betrachtet werden dürfen. So erinnere ich nur an die unerhörte Fruchtbarkeit der Niederlande, an das einzige Paradies Frankreich; auch Belgien ist außerordentlich fruchtbar, ebenso die Provinz Posen, dann vor allen Dingen die Roggen- und Kornkammern Europas in weitem Ausmaße, das Generalgouvernement, dem unerhört fruchtbaren Gebiete wie Lemberg und Galizien angegliedert sind, in denen die Ernte in unerhörtem Maße gut steht. Dann kommt Rußland, die Schwarzerde der Ukraine, diesseit und jenseits des Dnjepr, der Don-Bogen mit seinen unerhört fruchtbaren und nur wenig zerstörten Gebieten. Jetzt haben unsere Truppen bereits die über alle Grenzen hinaus fruchtbaren Gaue zwischen Don und Kaukasus zum Teil besetzt oder sind in der Besetzung. Auch im Osten unterliegt unserem Einfluß dieses und jenes fruchtbare Gebiet. Und bei allen diesen Tatsachen hungert das deutsche Volk. Gebiete, meine Herren, wie sie im letzten Weltkrieg niemals uns gehört haben, und trotzdem muß ich heute dem deutschen Volk Brotrationen geben, die nicht mehr länger zu verantworten sind [. . .] In jedem der besetzten Gebiete sehe ich die Leute vollgefressen, und im eigenen Volk herrscht Hunger. Sie sind weiß Gott nicht hingeschickt, um für das Wohl und Wehe der Ihnen anvertrauten Völker zu arbeiten, sondern um das Äußerste herauszuholen, damit das deutsche Volk leben kann. Das erwarte ich von Ihren Energien. Die ewige Sorge für die Fremden muß jetzt endlich einmal aufhören.

Ich habe hier Berichte zu liegen, darüber, was Sie zu liefern gedenken. Das ist gar nichts, wenn ich Ihre Länder betrachte. Es ist mir dabei gleichgültig, ob Sie sagen, daß Ihre Leute wegen Hungers umfallen. Mögen sie das tun, solange nur ein Deutscher nicht wegen Hungers umfällt [. . .]

Der Prozeß gegen die Hauptkriegsverbrecher vor dem Internationalen Militärgerichtshof, Nürnberg, Bd. I, S. 189 ff.

Aus der Anklageschrift des Internationalen Militärgerichtshofs Nürnberg:

[. . .] Das Beweismaterial im vorliegenden Falle hat jedoch gezeigt, daß die von Deutschland besetzten Gebiete für den deutschen Kriegseinsatz in der unbarmherzigsten Weise ausgebeutet wurden, ohne Rücksichtnahme auf die örtliche Wirtschaft und in Verfolg vorbedachter Planung und Politik. Tatsächlich lag systematisch „Plünderung öffentlichen oder privaten Eigentums" vor, die vom Artikel 6 b des Status als verbrecherisch bezeichnet wurde [. . .]

Die zur völligen Ausbeutung der Wirtschaftsquellen der besetzten Gebiete benutzten Methoden waren bei jedem einzelnen Land verschieden. In einigen der besetzten Länder im Osten und Westen wurde die Ausbeutung im Rahmen der bestehenden Wirtschaftsordnung durchgeführt. Die örtlichen Industrien wurden unter Aufsicht gestellt, und die Verteilung der Kriegsmaterialien wurde aufs schärfste kontrolliert. Die für den deutschen Kriegseinsatz als wertvoll betrachteten Industrien wurden gezwungen, weiterzuarbeiten, die meisten der übrigen wurden stillgelegt, Rohstoffe und Fertigerzeugnisse wurden gleichermaßen für die Bedürfnisse der deutschen Industrie beschlagnahmt. Schon am 19. Oktober 1939 hatte der Angeklagte Göring eine Weisung ausgegeben, die genaue Richtlinien für die Verwaltung der besetzten Gebiete enthielt; [. . .]

Auf Grund dieser Anordnung wurden landwirtschaftliche Erzeugnisse, Rohstoffe, die von deutschen Fabriken benötigt wurden, Maschinen, Werkzeuge, Verkehrsmittel, andere Fertigerzeugnisse und sogar ausländische Wertpapiere und Devisenguthaben beschlagnahmt und nach Deutschland gesandt [. . .]

Der Prozeß gegen die Hauptkriegsverbrecher vor dem Internationalen Militärgerichtshof Nürnberg, Bd. I, S. 189 ff.

Kriegsverbrecher und Verbrechen gegen die Menschlichkeit

Aus der Anklageschrift des Internationalen Militärgerichtshofs Nürnberg:

[. . .] Das auf Kriegsverbrechen bezügliche Beweismaterial ist überwältigend gewesen, sowohl was den Umfang betrifft, als auch in seinen Einzelheiten. Es ist unmöglich, in diesem Urteil einen angemessenen Überblick darüber zu geben oder die in Form von Dokumenten oder mündlichen Aussagen vorgelegte Materialmasse zu berücksichtigen. Fest steht, daß Kriegsverbrechen in größtem Ausmaße verübt worden sind, wie nie zuvor in der Kriegsgeschichte. Sie wurden in allen von Deutschland besetzten Ländern und auf hoher See begangen, und zwar ferner unter allen nur erdenklichen Begleiterscheinungen von Grausamkeit und Schrecken. Kein Zweifel kann darüber bestehen, daß sie größtenteils aus der Auffassung der Nazis vom „totalen Krieg" stammen, mit der die Angriffskriege geführt wurden. Denn bei dieser Auffassung des „totalen Krieges" werden die den Konventionen zu Grunde liegenden sittlichen Ideen, die den Krieg menschlicher zu gestalten trachten, als nicht länger in Kraft oder Geltung befindlich angesehen. Alles wird dem gebieterischen Diktat des Krieges untergeordnet. Regeln, Anordnungen, Versicherungen und Verträge, eines wie das andere, haben keine Bedeutung mehr; befreit vom hemmenden Einfluß des Völkerrechts wird so der Angriffskrieg von den Nazi-Führern auf möglichst barbarische Weise geführt. Demgemäß wurden Kriegsverbrechen begangen, wann immer und wo immer der Führer und seine engsten Mitarbeiter sie als vorteilhaft betrachteten.

Zum größten Teile waren sie das Ergebnis kalter verbrecherischer Berechnung.

In manchen Fällen wurden Kriegsverbrechen mit Vorbedacht lange im voraus geplant. Im Falle der Sowjetunion sind die Ausplünderung der zu besetzenden Gebiete und die Mißhandlung der Zivilbevölkerung bis in die geringste Einzelheit festgelegt worden bevor der Angriff begann. Bereits im Herbst 1940 ist der Überfall auf die Gebiete der Sowjetunion in Erwägung gezogen worden. Von diesem Zeitpunkt an wurden andauernd die Methoden besprochen, die zur Vernichtung jedes nur möglichen Widerstandes angewendet werden sollten.

In ähnlicher Weise hat die deutsche Regierung bei Aufstellung der Pläne für die Ausnützung der Bewohner der besetzten Gebiete zur Sklavenarbeit in größtem Maßstab dieser Maßnahme als wesentlichen Bestandteil der Kriegswirtschaft angesehen, und dieses besondere Kriegsverbrechen bis in die letzten fein ausgearbeiteten Einzelheiten geplant und organisiert.

Andere Kriegsverbrechen, wie die Ermordung entwichener und wieder eingebrachter Kriegsgefangener, oder die Ermordung der Kommandos gefangener Flieger, oder die Vernichtung der Sowjet-Kommissare, waren das Ergebnis direkter, über die höchsten Dienststellen geleiteter Befehle. Der Gerichtshof beabsichtigt daher, sich ganz allgemein mit der Frage der Kriegsverbrechen zu befassen, und später anläßlich der Prüfung der diesbezüglichen Verantwortlichkeit der einzelnen Angeklagten auf sie zurückzukommen.

Kriegsgefangene wurden mißhandelt, gefoltert und ermordet, nicht nur unter Mißachtung der anerkannten Regeln des Völkerrechts, sondern unter vollständiger Außerachtlassung der elementarsten Vorschriften der Menschlichkeit. Zivilpersonen in besetzten Gebieten erlitten das gleiche Schicksal. Ganze Bevölkerungen wurden nach Deutschland deportiert, um an Verteidigungswerken, in der Rüstungsindustrie und ähnlichen, mit dem Krieg zusammenhängenden Aufgaben, Sklavenarbeit zu leisten. Geiseln sind in sehr großer Anzahl aus den Zivilbevölkerungen aller besetzter Länder genommen und erschossen worden, wann und wie es den Deutschen gerade paßte. Öffentliches und privates Eigentum wurde planmäßig geraubt und geplündert, um Deutschlands Hilfsquellen auf Kosten des übrigen Europas zu vergrößern. Städte und Ortschaften und Dörfer wurden mutwillig zerstört, ohne jegliche militärische Rechtfertigung oder Notwendigkeit. [. . .]

Der Prozeß gegen die Hauptkriegsverbrecher vor dem Internationalen Gerichtshof Nürnberg, Bd. I, S. 189 ff.

Hitler-Verbrechen mit Vorbedacht

Aus der Beweisführung des Anklagevertreters der UdSSR, Raginsky:

[. . .] Die Sowjetanklage verfügt über zahlreiche Dokumente, die die Hitler-Verbrecher ihrer mit Vorbedacht durchgeführten, systematischen, berechnenden und grausamen Zerstörungen und Vernichtungen von Städten und Siedlungen, Fabriken, Eisenbahnen und Verkehrsmitteln überführen.

Die Vorlage all dieser Dokumente würde das Verfahren unendlich verlängern. Ich halte es daher für möglich, einige abschließende Angaben, die von der Außerordentlichen staatlichen Kommission festgestellt wurden, an Stelle einzelner Dokumente vorzulegen. Ich werde aus dem dem Gerichtshof vorliegenden Dokument USSR-35 nur die Teile und Ziffern, die bisher nicht verlesen wurden, und nur diejenigen, die sich unmittelbar auf mein Thema beziehen, verlesen. Die Herren Richter finden diese Auszüge auf den Seiten 223 und 224 des Dokumentenbuchs. Ich zitiere:

„Die deutsch-faschistischen Eindringlinge haben 1710 Städte und über 70 000 Dörfer und Flecken vollständig oder teilweise zerstört oder niedergebrannt. Mehr als 6 Millionen Gebäude wurden von ihnen niedergebrannt oder zerstört, wodurch etwa 25 Millionen Menschen obdachlos wurden. Unter den zerstörten Städten, die am meisten gelitten haben, sind besonders die großen Industrie- und Kulturzentren zu nennen: Stalingrad, Sewastopol, Leningrad, Kiew, Minsk, Odessa, Smolensk, Nowgorod, Pleskau, Orel, Charkow, Woronesch, Rostow am Don und viele andere.

Die deutsch-faschistischen Eindringlinge zerstörten 31 850 Industriebetriebe, in denen ungefähr 4 Millionen Arbeiter beschäftigt waren."

Ich überspringe den Schluß der Seite 43, die Seiten 44 und 45 und den Anfang der Seite 46 meines Vortrags:

„Die Hitleristen zerstörten . . . 36 000 Post-, Telegraphen-, Telephonämter und andere Einrichtungen des Nachrichtenwesens ... Während der Besetzung eines Teils der Sowjetunion und besonders bei ihrem Rückzug, richteten die deutsch-faschistischen Eindringlinge große Schäden an Eisenbahnen und im Schiffahrtsverkehr an. Ausgerüstet mit Spezialmaschinen für die Straßenzerstörung legten sie 26 Haupteisenbahnlinien außer Betrieb und beschädigten 8. Sie zerstörten 65 000 Kilometer Eisenbahngeleise und 500 000 Kilometer Draht der automatischen Signal- und Sperranlagen sowie der Telegraphen- und Telephonleitungen der Eisenbahn. Sie sprengten 13 000 Eisenbahnbrücken, 4100 Eisenbahnstationen, 1600 Wasserwerke in die Luft. Sie zerstörten 317 Lokomotivschuppen und 129 Lokomotiv- und Waggon-Reparaturwerkstätten sowie Betriebe des Eisenbahnmaschinenbaus.

Sie zerstörten, beschädigten und schleppten nach Deutschland 15 800 Lokomotiven und Diesel-Lokomotiven und 428 000 Waggons. Die Feinde haben den Anlagen, Unternehmungen, Institutionen und Schiffen der Schiffahrtslinien im Nördlichen Eismeer, im Weißen Meer, in der Ostsee, im Schwarzen und Kaspischen Meer großen Schaden zugefügt. Sie versenkten oder beschädigten mehr als 1400 Passagier-, Fracht- und andere Spezialschiffe. Die Seehäfen von Sewastopol, Mariupol, Kertsch, Noworossijsk, Odessa, Nikolajew, Leningrad, Murmansk, Lepaja, Tallinn und andere mit modernen technischen Einrichtungen versehene Häfen haben schwer gelitten. Die Eindringlinge versenkten oder erbeuteten 4280 Passagier-, Fracht- und Schleppdampfer der Binnenschiffahrt und der technischen Hilfsdienste sowie 4029 Schleppkähne. Sie zerstörten 479 Hafen- und Landungsbrückenanlagen, 89 Werften und Maschinenfabriken. Als sich die deutschen Truppen unter dem Ansturm der Roten Armee zurückziehen mußten, sprengten oder zerstörten sie 91 000 Kilometer Landstraßen und 90 000 Straßenbrücken in einer Gesamtlänge von 930 Kilometern."

Damit schließe ich meinen Vortrag, meine Herren Richter.

Der Prozeß gegen die Hauptkriegsverbrecher vor dem Internationalen Militärgerichtshof Nürnberg, Bd. VIII, S. 7 ff.

Generalstab und Oberkommando der deutschen Wehrmacht

Der „Generalstab und das Oberkommando der Wehrmacht", die in der Anklageschrift erwähnt sind, bestanden aus den Einzelpersonen, die zwischen Februar 1938 und Mai 1945 die höchsten Stellen in der Wehrmacht, Heer, Kriegsmarine und Luftwaffe innehatten. Die in dieser Gruppe umfaßten Einzelpersonen sind die Inhaber folgender Stellen:

  Oberbefehlshaber der Kriegsmarine
  Chef (und früher Chef des Stabes) der Seekriegsleitung
  Oberbefehlshaber des Heeres
  Chef des Generalstabes des Heeres
  Oberbefehlshaber der Luftwaffe
  Chef des Generalstabes der Luftwaffe
  Chef des Oberkommandos der Wehrmacht
  Chef des Führungsstabes des Oberkommandos der Wehrmacht
  Stellvertretender Chef des Führungsstabes des Oberkommandos der Wehrmacht
  Die Oberbefehlshaber im Felde im Range eines Oberbefehlshabers der Wehrmacht, Kriegsmarine, Heer, Luftwaffe.

In diesen Funktionen und als Angehörige der höchsten Rangstufen der deutschen Wehrmacht waren diese Personen in besonderem Maße für die Planung, Vorbereitung, das Beginnen und die Führung der ungesetzlichen Kriege verantwortlich, wie sie in den Anklagepunkten Eins und Zwei der Anklageschrift auseinandergesetzt sind, sowie für die Kriegsverbrechen und Verbrechen gegen die Humanität, die sich bei der Ausführung des gemeinsamen Plans oder der Verschwörung ergaben, wie in den Anklagepunkten Drei und Vier der Anklageschrift auseinandergesetzt ist.

Der Prozeß gegen die Hauptkriegsverbrecher vor dem Internationalen Militärgerichtshof Nürnberg, Bd. I, S. 30 ff.

Anklagevertretung zum Generalstab und OKH

Die Anklagevertretung hat auch verlangt, den Generalstab und Oberkommando der deutschen Wehrmacht zu einer verbrecherischen Organisation zu erklären. Der Gerichtshof ist der Ansicht, daß Generalstab und Oberkommando nicht für verbrecherisch erklärt werden sollte. Ist auch die Anzahl der beschuldigten Personen größer als im Falle der Reichsregierung, so ist sie doch so klein, daß Einzelprozesse gegen diese Offiziere den hier verfolgten Zweck besser erreichen würden, als die verlangte Erklärung. Aber ein noch zwingenderer Grund ist nach Meinung des Gerichtshofes darin zu ersehen, daß Generalstab und Oberkommando weder eine „Organisation", noch eine „Gruppe" im Sinne der im Artikel 9 des Status gebrauchten Bezeichnungen ist.

Einige erläuternde Worte über den Charakter dieser angeblichen Gruppe sind angezeigt. Laut Anklageschrift und gemäß dem Beweismaterial, das dem Gerichtshof vorgelegt wurde, besteht sie aus annähernd 130 lebenden und verstorbenen Offizieren, die zu irgendeinem Augenblick in der Zeit zwischen Februar 1938, als Hitler die Wehrmacht reorganisierte, und Mai 1945, als Deutschland kapitulierte, bestimmte Stellungen in der militärischen Hierarchie bekleideten. Diese Männer waren Offiziere von hohem Rang in den drei Wehrmachtsteilen: OKH – Heer, OKM – Marine und OKL – Luftwaffe.

Über ihnen stand die höchste Wehrmachtsstelle, das OKW – das Oberkommando der Wehrmacht, mit Hitler als Oberstem Befehlshaber. Die Offiziere des OKW, mit Einschluß des Angeklagten Keitel als Chef des Oberkommandos, waren in gewissem Sinne Hitlers persönlicher Stab. Im weiteren Sinne koordinierten und leiteten sie die drei Wehrmachtsteile, wobei besonderer Nachdruck auf die Planungsarbeit und die Operationen gelegt wurde.

Die einzelnen Offiziere dieser angeblichen Gruppe befanden sich zu einem oder dem anderen Zeitpunkt in einer der vier Kategorien:

1 Oberbefehlshaber einer der drei Wehrmachtsteile,
2 Stabschef einer der drei Wehrmachtsteile,
3 Oberbefehlshaber, das sind die obersten Befehlshaber im Felde in einem der drei Wehrmachtsteile. Sie stellten selbstverständlich die bei weitem größte Anzahl dieser Personen; oder
4 Offiziere des OKW, deren es drei gab, nämlich die Angeklagten Keitel, Jodl und den Stellvertreter des letzteren, Warlimont.

Dies ist die Bedeutung der in der Anklageschrift verwendeten Bezeichnung „Generalstab und Oberkommando".

Die Anklagevertretung hat hier eine Abgrenzung vorgenommen. Sie erhebt keine Anklage gegen die nächste Ranggruppe der militärischen Hierarchie, die aus Kommandeuren der Armeekorps und gleichgestellten Offizieren der Marine und Luftwaffe bestand, noch gegen die nachfolgende Ranggruppe, die Divisionskommandeure oder gleichrangige Offiziere der anderen Waffengattungen umfaßte. Die Stabsoffiziere der vier Stabkommandos, nämlich des OKW, OKH, OKM und OKL, sind nicht inbegriffen, ebensowenig die geschulten Fachoffiziere, die gewöhnlich als Generalstabsoffiziere bezeichnet werden.

Die als Mitglieder Angeklagten sind also tatsächlich die militärischen Führer Deutschlands von höchstem Rang. Es wurde kein ernstlicher Versuch gemacht, zu behaupten, daß sie eine „Organisation" im Sinne des Artikels 9 bilden. Die Behauptung lautet eher dahin, daß sie eine „Gruppe" waren, was eine weitere und umfassendere Bezeichnung ist, als „Organisation".

Der Gerichtshof erkennt nicht in diesem Sinne. Nach den vorgelegten Beweisen war eine Planungstätigkeit in den Stäben, die ständigen Besprechungen zwischen Stabsoffizieren und Feldkommandeuren, ihre Operationstechnik im Felde und in den Stabsquartieren, so ziemlich die gleiche, wie bei den Armeen, Marinen und Luftwaffen aller anderen Länder. Die alles umfassende auf Koordination und Leitung gerichtete Tätigkeit des OKW kann mit einer ähnlichen, wenn auch nicht identischen Organisationsform bei anderen Armeen, wie zum Beispiel den Anglo-Amerikanischen gemeinsamen Stabdschefs, verglichen werden.

Aus dieser Schablone ihrer Tätigkeit das Bestehen einer Vereinigung oder Gruppe ableiten zu wollen, ist nach Ansicht des Gerichtshofes nicht folgerichtig. Nach einer solchen Theorie wären die höchsten Kommandanten jeder anderen Nation auch eine solche Vereinigung, statt, was sie wirklich sind, eine Ansammlung von Militärs, eine Anzahl von Personen, die zufällig in einem gegebenen Zeitpunkt die hohen militärischen Stellungen bekleiden.

Ein großer Teil der Beweisführung und der Erörterung hat sich um die Frage gedreht, ob die Mitgliedschaft in diesen Organisationen freiwillig war oder nicht. Im vorliegenden Fall scheint dem Gerichtshof diese Frage völlig abwegig zu sein. Denn diese angeblich verbrecherische Organisation hat eine charakteristische Eigenschaft, ein beherrschendes Merkmal, das sie scharf von den übrigen fünf angeklagten Organisationen abhebt. Wenn jemand zum Beispiel Mitglied der SS wurde, so wurde er dies freiwillig oder auf andere Art, aber sicherlich in dem Bewußtsein, zu irgend etwas Festgefügtem beizutreten. Im Falle des Generalstabs und Oberkommandos konnte er jedoch nicht wissen, daß er einer Gruppe oder Vereinigung beitrat, denn eine solche Vereinigung gab es nicht, außer in den Beschuldigungen der Anklageschrift. Er wußte nur, daß er einen bestimmten hohen Rang in einem der drei Wehrmachtsteile erlangt hatte, und konnte sich aber der Tatsache nicht bewußt sein, daß er Mitglied von etwas so Greifbarem wie einer „Gruppe" im gebräuchlichen Sinn des Wortes wurde. Seine Beziehungen zu den Kameraden seiner eigenen Waffengattung und seine Verbindungen zu denen der beiden anderen Waffengattungen glichen im allgemeinen den auf der ganzen Welt üblichen Dienstverhältnissen.

Deshalb erklärt der Gerichtshof Generalstab und Oberkommando nicht für eine verbrecherische Organisation.

Obwohl der Gerichtshof der Meinung ist, daß die im Artikel 9 enthaltene Bezeichnung „Gruppe" mehr enthalten muß, als eine Anhäufung von Offizieren, ist ihm doch viel Beweisstoff über die Teilnahme dieser Offiziere an der Planung und Führung des Angriffskrieges und an der Begehung von Kriegsverbrechen und Verbrechen gegen die Menschlichkeit vorgelegt worden. Dieses Beweisergebnis ist gegen viele von ihnen klar und überzeugend.

Sie sind in großem Maße verantwortlich gewesen für die Leiden und Nöte, die über Millionen Männer, Frauen und Kinder gekommen sind. Sie sind ein Schandfleck für das ehrenhafte Waffenhandwerk geworden. Ohne ihre militärische Führung wären die Angriffsgelüste Hitlers und seiner Nazi-Kumpane akademisch und ohne Folgen geblieben. Wenn diese Offiziere auch nicht eine Gruppe nach dem Wortlaut des Status bildeten, so waren sie doch sicher eine rücksichtslose militärische Kaste. Der zeitgenössische deutsche Militarismus erlebte mit seinen jüngsten Verbündeten, dem Nationalsozialismus, eine kurze Blütezeit, wie er sie in der Vergangenheit kaum schöner gekannt hat.

Viele dieser Männer haben mit dem Soldateneid des Gehorsams gegenüber militärischen Befehlen ihren Spott getrieben. Wenn es ihrer Verteidigung zweckdienlich ist, so sagen sie, sie hatten zu gehorchen; hält man ihnen Hitlers brutale Verbrechen vor, deren allgemeine Kenntnis ihnen nachgewiesen wurde, so sagen sie, sie hätten den Gehorsam verweigert.

Die Warheit ist, daß sie an all diesen Verbrechen rege teilgenommen haben oder in schweigender Zustimmung verharrten, wenn vor ihren Augen größer angelegte und empörende Verbrechen begangen wurden, als die Welt je zu sehen das Unglück hatte. Dies mußte gesagt werden.

Wo es der Sachverhalt rechtfertigt, sollen diese Leute vor Gericht gestellt werden, damit jene unter ihnen, die dieser Verbrechen schuldig sind, ihrer Bestrafung nicht entgehen.

Der Nürnberger Prozeß. Ausgewählt und eingeleitet von Prof. Dr. P. A. Steiniger, Bd. I, Berlin (DDR) 1958, S. 228 ff.

Feststellung der Verantwortlichkeit von Einzelpersonen für Hauptkriegsverbrechen — Luftwaffe, Heer, Marine

(GÖRING)

Der Angeklagte Göring war in der Zeit von 1932 bis 1945 Mitglied der NSDAP, Reichsführer der SA, Mitglied und Präsident des Reichstags, Preußischer Innenminister, Präsident der Preußischen Polizei und Chef der Preußischen Geheimen Staatspolizei, Präsident des Preußischen Staatsrates, Treuhänder des Vierjahresplanes, Reichsluftfahrtsminister, Präsident des Ministerrates für die Reichsverteidigung, Mitglied des Geheimen Kabinettsrates, Oberhaupt des Hermann Göring-Konzerns und designierter Nachfolger Hitlers. Der Angeklagte Göring benutzte die genannten Stellungen, seinen persönlichen Einfluß und seine enge Beziehung zum Führer in der Weise: Daß er die Machtergreifung der Nazi-Verschwörer und die Befestigung ihrer Kontrolle über Deutschland, angeführt im Anklagepunkt Eins, sowie die militärische und wirtschaftliche Vorbereitung für den Krieg, angeführt in Anklagepunkt Eins, förderte; daß er teilnahm an der von den Nazi-Verschwörern unternommenen Planung und Vorbereitung von Kriegsverbrechen, wie in Anklagepunkt Drei angeführt, und Verbrechen gegen die Humanität, wie in Anklagepunkt Vier angeführt, einschließlich vieler verschiedenartiger Verbrechen gegen Personen und Eigentum, und nahm an diesen Verbrechen teil.

(KEITEL)

Der Angeklagte Keitel war von 1938 bis 1945: Chef des Oberkommandos der deutschen Wehrmacht, Mitglied des Geheimen Kabinettsrates, Mitglied des Ministerrates für die Reichsverteidigung und Feldmarschall. Der Angeklagte Keitel benutzte die vorangegangenen Stellungen, seinen persönlichen Einfluß und seine intimen Beziehungen zum Führer dazu: Daß er die militärischen Vorbereitungen für einen Krieg, wie in Anklagepunkt Eins der Anklageschrift angeführt, förderte. Er nahm an den politischen Plänen und Vorbereitungen der Nazi-Verschwörer für Angriffskriege und Kriege in Verletzung von internationalen Verträgen, Vereinbarungen und Zusicherungen, wie in Anklagepunkten Eins und Zwei angeführt, teil; er übernahm die Verantwortung für die Ausführung des Planes und führte aus den Plan der Nazi-Verschwörer für Angriffskriege und Kriege in Verletzung von internationalen Verträgen, Vereinbarungen und Zusicherungen, wie in Anklagepunkt Vier angeführt; er genehmigte und leitete Kriegsverbrechen und Verbrechen gegen die Humanität, wie in Anklagepunkten Drei und Vier angeführt, insbesondere auch Kriegsverbrechen und Verbrechen gegen die Humanität, die mit der üblen Behandlung von Kriegsgefangenen und der Zivilbevölkerung besetzter Gebiete verbunden waren, und nahm an diesen Verbrechen teil.

(JODL)

Der Angeklagte Jodl war von 1932 bis 1945: Oberstleutnant in der Operationsabteilung der Wehrmacht, Oberst, Chef der Operationsabteilung des Oberkommandos der Wehrmacht, Generalmajor, Chef des Wehrmachtsführungsstabes und Generalleutnant. Der Angeklagte Jodl benutzte die vorangegangenen Stellungen, seinen persönlichen Einfluß und seine enge Beziehung zum Führer dazu: Daß er die Machtergreifung der Nazi-Verschwörer und die Festigung ihrer Kontrolle über Deutschland, wie in Anklagepunkt Eins angeführt, förderte; er stärkte und festigte die Vorbereitung für den Krieg, wie in Anklagepunkt Eins angeführt; er nahm an den militärischen Plänen und Vorbereitungen der Nazi-Verschwörer für Angriffskriege und Kriege in Verletzung internationaler Verträge, Vereinbarungen und Zusicherungen teil, wie in Anklagepunkten Eins und Zwei angeführt; er genehmigte und leitete Kriegsverbrechen, wie in Anklagepunkt Drei angeführt, und Verbrechen gegen die Humanität, wie in Anklagepunkt Vier angeführt, einschließlich vieler verschiedenartiger Verbrechen gegen Personen und Eigentum, und nahm an diesen Verbrechen teil.

(RAEDER)

Der Angeklagte Raeder war von 1928 bis 1945: Oberster

Befehlshaber der Deutschen Kriegsmarine, General-Admiral, Großadmiral, Admiralinspekteur der deutschen Kriegsmarine und Mitglied des Geheimen Kabinettsrates. Der Angeklagte Raeder benutzte die vorgenannten Stellungen und seinen persönlichen Einfluß dazu: Daß er die Kriegsvorbereitungen, wie in Anklagepunkt Eins angeführt, förderte; er nahm an den politischen Plänen und Vorbereitungen der Nazi-Verschwörer für Angriffskriege und Kriege in Verletzung von internationalen Verträgen, Vereinbarungen und Zusicherungen teil, wie in Anklagepunkten Eins und Zwei angeführt. Er führte den Plan aus und übernahm die Verantwortung für die Ausführung des Planes der Nazi-Verschwörer für Angriffskriege und Kriege in Verletzung von internationalen Verträgen, Vereinbarungen und Zusicherungen, wie in Anklagepunkten Eins und Zwei angeführt; er genehmigte und leitete Kriegsverbrechen, wie in Anklagepunkt Drei angeführt, insbesondere Kriegsverbrechen im Seekrieg, und nahm an diesen Verbrechen teil.

(DÖNITZ)

Der Angeklagte Dönitz war von 1932 bis 1945 Befehlshaber der U-Boot-Flottille Weddigen, Befehlshaber der U-Boot-Waffe, Vize-Admiral, Admiral, Großadmiral und Oberster Befehlshaber der deutschen Kriegsmarine, Hitler's Ratgeber und Hitler's Nachfolger als Haupt der Deutschen Regierung. Der Angeklagte Dönitz benutzte die vorangegangenen Stellungen, seinen persönlichen Einfluß und seine engen Beziehungen zum Führer dazu: Daß er die Kriegsvorbereitungen, wie in Anklagepunkt Eins angeführt, förderte; er nahm an den militärischen Plänen und Vorbereitungen der Nazi-Verschwörer für Angriffskriege und Kriege in Verletzung von internationalen Verträgen, Vereinbarungen und Zusicherungen teil, wie in Anklagepunkten Eins und Zwei angeführt, und er genehmigte und leitete Kriegsverbrechen, wie in Anklagepunkt Drei angeführt, besonders Verbrechen gegen Personen und Eigentum auf hoher See, und nahm an diesen Verbrechen teil.

Der Nürnberger Prozeß . . ., Bd. I, S. 66.

Unrichtige Entscheidung über den Generalstab und das OKW

Im Urteil wird die Anklage wegen der verbrecherischen Tätigkeit des Generalstabes und Oberkommandos der Wehrmacht (OKW) als unrichtig zurückgewiesen. Der Verzicht, den Generalstab und das OKW für eine verbrecherische Organisation zu erklären, widerspricht der wirklichen Lage der Dinge und den Beweisdokumenten, die im Laufe der Verfahrens vorgelegt wurden.

Es unterliegt keinem Zweifel, daß die Führung der Wehrmacht des nationalsozialistischen Deutschland zusammen mit dem Parteiapparat und den Dienststellen der SS eines der wichtigsten Organe zur Vorbereitung und Verwirklichung der aggressiven und menschenhassenden Pläne war. Das wurde mit vollkommener Bestimmtheit von Hitlerleuten selbst in ihren amtlichen Veröffentlichungen, die für das Offizierkorps der Wehrmacht bestimmt waren, anerkannt und betont. In der Veröffentlichung der nationalsozialistischen Partei „Offizier und Politik" wurde ohne Umschweife gesagt, daß das nationalsozialistische Regime von zwei „Säulen" geführt und unterstützt wird: der Partei und der Wehrmacht. „Sie sind Ausdrucksformen derselben Lebensphilosophie ... Partei und Wehrmacht in unlösbarer Verbundenheit gemeinsamer Verantwortung ... Beide Faktoren auf Gedeih und Verderb aufeinander angewiesen." (Dokument 4060-PS, US-928.)

Die organische Verbindung zwischen dem nationalsozialistischen Parteiapparat, SS-Dienststellen und der Wehrmacht war besonders stark auf der oberen Stufe der Militärhierarchie, die die Anklageschrift zum Begriff der verbrecherischen Organisationen „der Generalstab und das OKW" zusammengefaßt.

Die Offiziere in Hitlerdeutschland konnten nur dann dem OKW angehören, wenn sie dem Regime Ergebenheit entgegenbrachten und bereit waren, die Durchführung der Angriffe mit der Ausführung der verbrecherischen Weisungen bezüglich der Behandlung von Kriegsgefangenen und der Zivilbevölkerung in den besetzten Gebieten zu vereinigen.

Die Führung der Wehrmacht bestand nicht etwa aus Offizieren, die bestimmte Stufen der Militärhierarchie erreicht haben. Sie war vor allem eine geschlossene Gruppe, der besonders geheim gehaltene Pläne der Hitlerischen Führung anvertraut wurden. Die vorgelegten Dokumente bestätigen in vollem Maße, daß die militärischen Führer dieses Vertrauen vollkommen rechtfertigten und daß sie überzeugte Anhänger und leidenschaftliche Vollzieher von Hitlers Plänen waren.
Das ist kein Zufall, daß an der Spitze des Oberkommandos der Luftwaffe der „zweite Mann des nationalsozialistischen Reiches", Göring, stand; an der Spitze des Oberkommandos der Kriegsmarine stand Dönitz, der in späterer Zeit von Hitler zu seinem Nachfolger ernannt wurde; das Oberkommando der Wehrmacht war in der Hand Keitels, der die meisten Weisungen über die Vernichtung von Kriegsgefangenen und der Zivilbevölkerung der besetzten Gebiete unterschrieben hat.
Deshalb können die Parallelen mit dem Aufbau der obersten militärischen Führung in den alliierten Staaten nicht als angebracht bezeichnet werden. In einem demokratischen Lande wird kein militärischer Fachmann, der sich selbst achtet, die Ausarbeitung rein militärischer Pläne mit Maßnahmen zur Durchführung von Massenrepressalien gegenüber der Zivilbevölkerung oder absichtlich rücksichtsloser Behandlung und Ermordung von Kriegsgefangenen verbinden.
Die obersten Führer des Generalstabes und OKW des nationalsozialistischen Deutschlands befaßten sich jedoch gerade mit Derartigem. Die Tatsache, daß sie die schwersten Verbrechen gegen den Frieden, Kriegsverbrechen und Verbrechen gegen die Humanität verübt haben, wird nicht nur bestritten, sondern ganz besonders im Urteil des Gerichtshofes betont. Jedoch ist aus dieser Tatsache keine gebührende Folgerung gezogen worden.
Im Urteil ist gesagt: „... Sie sind ein Schandfleck für das ehrenhafte Waffenhandwerk geworden. Ohne ihre militärische Führung wären die Angriffsgelüste Hitlers und seiner Nazi-Kumpane akademisch und ohne Folgen geblieben..."
Weiter: „... Viele dieser Männer haben mit dem Soldateneid

des Gehorsams gegenüber militärischen Befehlen ihren Spott getrieben. Wenn es ihrer Verteidigung zweckdienlich ist, so sagen sie, sie hatten zu gehorchen; hält man ihnen Hitlers brutale Verbrechen vor, deren allgemeine Kenntnis ihnen nachgewiesen wurde, so sagten sie, sie hätten den Gehorsam verweigert. Die Wahrheit ist, daß sie an all diesen Verbrechen rege teilgenommen haben oder in stillschweigender Zustimmung verharrten, wenn vor ihren Augen größer angelegte und empörende Verbrechen begangen wurden, als die Welt je zu sehen das Unglück hatte. Dies mußte gesagt werden."
All diese Behauptungen des Urteils sind gerecht und auf zahlreiche glaubwürdige Urkunden gestützt. Es ist nur nicht klar, warum diese „hundert höheren Offiziere", die der Welt und ihrem eigenen Lande so viel Leid angetan haben, nicht für eine verbrecherische Organisation erklärt worden sind.
Zur Begründung dessen werden im Urteil die den Tatsachen entsprechenden Behauptungen angegeben,
a) daß die angeführten Verbrechen von den Vertretern des Generalstabs und OKW als einzelne Personen und nicht als Mitglieder einer verbrecherischen Vereinigung verübt wurden, und
b) daß der Generalstab und das OKW nur eine Waffe in der Hand der Verschwörer und einfache Interpretatoren ihres Willens waren. Zahlreiche Beweise widerlegen diese Folgerungen.

1. Die führenden Vertreter des Generalstabs und OKW wurden zusammen mit dem engen Kreis der höchsten Beamten von den Verschwörern zur Ausarbeitung und Durchführung der Angriffspläne benutzt, nicht als passive Vollstrecker, sondern als aktive Teilnehmer an der Verschwörung gegen den Frieden und die Menschlichkeit.

Ohne ihre Ratschläge und aktive Mitwirkung hätte Hitler diese Fragen überhaupt nicht lösen können.
In den meisten Fällen war ihre Meinung die entscheidende. Es ist unmöglich sich vorzustellen, wie man die Angriffspläne des Hitlerdeutschland hätte verwirklichen können, wenn die Hauptführung der Wehrmacht sie nicht in vollem Maße unterstützt hätte.

Hitler hat seine verbrecherischen Pläne und die ihn leitenden Motive am wenigsten vor den Vertretern des militärischen Kommandos verheimlicht. So z. B. hat er schon am 29. Mai 1939, als er den Angriff auf Polen vorbereitete, in der Besprechung mit den obersten Führern in der neuen Reichskanzlei erklärt:

„Es handelt sich für uns um die Arrondierung des Lebensraumes im Osten . . ."

„. . . Es entfällt also die Frage, Polen zu schonen, und bleibt der Entschluß, bei erster passender Gelegenheit Polen anzugreifen." (Dokument L–79.)

Noch lange vor der Eroberung der Tschechoslowakei hat Hitler in der Weisung vom 30. Mai 1938, indem er sich an die Vertreter des militärischen Kommandos wandte, zynisch erklärt:

„Militärisch und politisch am günstigsten ist blitzschnelles Handeln auf Grund eines Zwischenfalles, durch den Deutschland in unerträglichster Weise provoziert wurde und der wenigstens einen Teil der Weltöffentlichkeit gegenüber die moralische Berechtigung zu militärischen Maßnahmen gibt." (Dokument 388-PS.)

Vor der Besetzung Jugoslawiens schrieb Hitler in seiner Weisung, die am 27. März 1941 erschien, und in der er sich an die Vertreter der oberen Kommandobehörden wendete:

„Jugoslawien muß auch dann, wenn es zunächst Loyalitätserklärungen abgibt, als Feind betrachtet und daher so rasch als möglich zerschlagen werden." (Dokument 1746-PS.)

Im Zuge der Vorbereitung des Angriffs auf die Sowjetunion zog Hitler die Vertreter des Generalstabes und OKW zur Ausarbeitung der damit verbundenen Pläne und Richtlinien heran, und zwar durchaus nicht als einfache Militärfachleute.

In den Richtlinien über Handhabung der Propaganda im Raum „Barbarossa", die vom OKW im Juni 1941 erlassen wurden, hieß es:

„Zunächst ist eine Propaganda zu führen, die auf die Spaltung der Sowjetunion abgestellt ist." (Dokument 477-PS.) Schon am 13. Mai 1941 schrieb das OKW den Truppen vor, beliebig

Terrormaßnahmen gegen die Zivilbevölkerung der zeitweilig besetzten Gebiete der Sowjetunion vorzunehmen.

Dort wurde auch besonders darauf hingewiesen: „daß nur solche Urteile bestätigt werden sollen, die den politischen Absichten der Führung entsprechen." (Dokument C-50.)

2. *OKW und Generalstab erließen den bestialischsten Weisungen und Befehle über rücksichtslose Maßnahmen gegen die wehrlose Zivilbevölkerung und Kriegsgefangene.*

In dem „Erlaß über die Ausübung der Kriegsgerichtsbarkeit im Gebiet Barbarossa . . . " hob das OKW den Eingriff der Militärgerichte auf, indem es einzelnen Offizieren und Soldaten das Recht zur willkürlichen Behandlung der Zivilbevölkerung übertrug. Es hieß dort unter anderem:

„Straftaten feindlicher Zivilpersonen sind der Zuständigkeit der Kriegsgerichte und der Standgerichte bis auf weiteres entzogen . . . "

„. . . tatverdächtige Elemente werden sofort einem Offizier vorgeführt. Dieser entscheidet, ob sie zu erschießen sind . . . "

„. . . Es wird ausdrücklich verboten, verdächtige Täter zu verwahren, um sie . . . an die Gerichte abzugeben." Dort wurde auch angeordnet: „. . . unverzüglich . . . kollektive Gewaltmaßnahmen durchzuführen, wenn die Umstände eine rasche Feststellung einzelner nicht gestatten . . . "

In derselben Weisung gewährleistete das OKW den Kriegsverbrechern aus dem deutschen Heer im voraus Straffreiheit. Dort hieß es: „. . . Für Handlungen, die Angehörige der Wehrmacht und des Gefolges gegen feindliche Zivilpersonen begehen, besteht kein Verfolgungszwang, auch dann nicht, wenn die Tat zugleich ein militärisches Verbrechen oder Vergehen ist . . . "

Während des Krieges befolgte das deutsche Oberkommando konsequent diese Linie, indem es den Terror gegen Kriegsgefangene und die Zivilbevölkerung der besetzten Gebiete verstärkte.

In der Weisung des OKW vom 16. 9. 1941 hieß es:

„Dabei ist zu bedenken, daß ein Menschenleben in den betroffenen Ländern vielfach nichts gilt, und eine abschreckende

Wirkung nur durch ungewöhnliche Härte erreicht werden kann." (Dokument 389-PS.)

Am 23. Juli 1941 gab das OKW in einem Befehl an die Oberbefehlshaber der Heeresgruppen einen direkten Hinweis darauf, daß: „Nicht in der Anforderung weiterer Sicherungskräfte, sondern in der Anwendung entsprechender drakonischer Maßnahmen müssen die Befehlshaber die Mittel finden, um ihre Sicherungsräume in Ordnung zu halten." (Dokument 459-PS.)

In der Weisung des OKW vom 16. 12. 1941 hieß es:

„... Die Truppe ist aber berechtigt und verpflichtet, ... ohne Einschränkung, auch gegen Frauen und Kinder, jedes Mittel anzuwenden, wenn es nur zum Erfolg führt ..." (Dokument USSR-16.)

Zu den grausamen Anweisungen des OKW über die Behandlung der Kriegsgefangenen gehört der als „Kugel-Erlaß" bezeichnete Befehl. Zur Begründung für die Verhängung der Todesstrafe über die Kriegsgefangene dienten Verstöße, die der Internationalen Konvention gemäß überhaupt keine Strafe zur Folge haben konnten, z. B. Flucht aus dem Lager.

In einer anderen Weisung, bekannt als „Nacht- und Nebel-Erlaß", hieß es:

„... Bei solchen Taten werden Freiheitsstrafen, auch lebenslängliche Zuchthausstrafen als Zeichen von Schwächen gewertet. Eine wirksame und nachhaltige Abschreckung ist nur durch die Todesstrafe oder durch Maßnahmen zu erreichen, die die Angehörigen und die Bevölkerung über das Schicksal des Täters im Ungewissen halten ..." (Dokument L-90, US-503, Protokoll der Nachmittagssitzung vom 25. 1. 1946.)

Während der Gerichtsverhandlung wurden die Beweise für die Anwendung der Befehle in großem Umfange vorgelegt. Eines der Beispiele für Verbrechen dieser Art ist die Tötung von 50 britischen Fliegeroffizieren. Die Tatsache, daß dieses Verbrechen seitens des Oberkommandos der Wehrmacht inspiriert wurde, unterliegt keinem Zweifel. Das OKW gab eine Anweisung über die Vernichtung der „Kommandotrupps" weiter.

Dem Gerichtshof ist das Original dieses Befehls unterbreitet. (Dokument 498-PS, US-501.) Die den „Kommandotrupps" angehörigen Soldaten und Offiziere der alliierten Armeen sollten gemäß dem Befehl erschossen werden, mit Ausnahme der Fälle, in denen eine Vernehmung vorzunehmen war, nach der sie allerdings ebenfalls erschossen wurden.

Der Befehl wurde durch die Armeeoberkommandos unentwegt ausgeführt. Rundstedt, Oberbefehlshaber der deutschen Truppen im Westen, meldete im Juni 1944, daß der Befehl Hitlers „Über die Behandlung feindlicher Kommandotrupps bisher durchgeführt wurde..." (Dokument 531-PS, US-550.)

3. Das Oberkommando der Wehrmacht ist neben der SS und Polizei für alle grausamen Polizeimaßnahmen in den besetzten Gebieten verantwortlich.

In den Ausführungsbestimmungen für besondere Gebiete, die vom OKW am 13. 3. 1941 herausgegeben wurden, wurde die Notwendigkeit vorgesehen, die durch die AOKs und den Reichsführer SS durchzuführenden Handlungen in Einklang zu bringen. Wie sich aus den Aussagen des Chefs des Amtes III der RSHA und gleichzeitig des Chefs der Einsatzgruppe D, Otto Ohlendorf, und des Chef des Amtes VI des RSHA, Walter Schellenberg, ergibt, wurde zur Erfüllung der Anweisungen des OKW ein Abkommen zwischen dem Generalstab und dem RSHA über Gründung der „Einsatzgruppen" der Sicherheitspolizei und des SD, die den entsprechenden Heeresgruppen zugewiesen werden sollten, abgeschlossen.

Als Beweis dieser Verbindung ist der nachstehende Auszug aus dem Bericht der „Einsatzgruppe A" besonders bezeichnend:

„... Es handelte sich nun darum, in aller Eile persönlich mit den Armeeführern wie auch mit dem Befehlshaber des rückwärtigen Heeresgebietes Fühlung aufzunehmen. Von vornherein kann betont werden, daß die Zusammenarbeit mit der Wehrmacht im allgemeinen gut, in Einzelfällen, wie z. B. mit der Panzergruppe 4 unter Generalobersten Höppner, sehr eng, ja fast herzlich war..." (Dokument L-180.)

4. Die Vertreter des OKW handelten überall wie Mitglieder einer verbrecherischen Gruppe.

Die Anweisungen des OKW und Generalstabes, die offensichtliche Verstöße gegen Völkerrecht und Regeln der Kriegsführung enthielten, riefen durchaus keine Einsprüche seitens der höheren Generalstabsoffiziere und der einzelnen Heeresgruppenkommandos hervor. Im Gegenteil, sie wurden von ihnen unentwegt ausgeführt und durch neue Anweisungen, die noch grausamer waren, ergänzt. In diesem Zusammenhang ist eine an die Soldaten gerichtete Ansprache des Oberbefehlshabers einer Heeresgruppe, Feldmarschall von Reichenau, kennzeichnend:

„Der Soldat ist im Ostraum nicht nur ein Kämpfer nach den Regeln der Kriegskunst, sondern auch Träger einer unerbittlichen völkischen Idee . . ."

Ferner rief Reichenau zur Ausrottung der Juden auf, indem er schrieb:

„. . . Deshalb muß der Soldat für die Notwendigkeit der harten, aber gerechten Sühne am jüdischen Untermenschentum volles Verständnis haben . . ." (Dokument D-411, US-556.)

Als Beispiel könnte man sich auch auf die Ansprache des Feldmarschalls von Manstein an die Soldaten beziehen. In diesem Befehl rief der Feldmarschall zynisch dazu auf, „diesen Kampf nicht in hergebrachter Form . . . allein nach europäischen Kriegsregeln" zu führen. (Dokument 4064-PS, US-927.)

In der Beweisaufnahme ist in vollem Ausmaß festgestellt, daß Generalstab und Oberkommando der Hitlerschen Wehrmacht eine sehr gefährliche verbrecherische Organisation darstellen. [. . .]

Sowjetisches Mitglied des Internationalen Militärgerichtshofes
Generalmajor der Justiz
Unterschrift: L. T. Nikitchenko

1. Oktober 1946

Der Prozeß gegen die Hauptkriegsverbrecher . . ., Bd. I, S. 387 ff.

Das Abkommen von Jalta
vom 11. Februar 1945

[Auszug]

[. . .] Es ist unser unbeugsamer Wille, den deutschen Militarismus und Nationalsozialismus zu zerstören und dafür Sorge zu trage, daß Deutschland nie wieder imstande ist, den Weltfrieden zu stören. Wir sind entschlossen, alle deutschen Streitkräfte zu entwaffnen und aufzulösen; den deutschen Generalstab, der wiederholt die Wiederaufrichtung des deutschen Militarismus zuwege gebracht hat, für alle Zeiten zu zerschlagen; sämtliche deutschen militärischen Einrichtungen zu entfernen oder zu zerstören; die gesamte deutsche Industrie, die für militärische Produktion benutzt werden könnte, zu beseitigen oder unter Kontrolle zu stellen; alle Kriegsverbrecher vor Gericht zu bringen und einer schnellen Bestrafung zuzuführen sowie eine im gleichen Umfang erfolgende Wiedergutmachung der von den Deutschen verursachten Zerstörungen zu bewirken; die Nationalsozialistische Partei, die nationalsozialistischen Gesetze, Organisationen und Einrichtungen zu beseitigen, alle nationalsozialistischen und militärischen Einflüsse aus den öffentlichen Dienststellen sowie dem kulturellen und wirtschaftlichen Leben des deutschen Volkes auszuschalten und in Übereinstimmung miteinander solche Maßnahmen in Deutschland zu ergreifen, die für den zukünftigen Frieden und die Sicherheit der Welt notwendig ist.
Es ist nicht unsere Absicht, das deutsche Volk zu vernichten, aber nur dann, wenn der Nationalsozialismus und Militarismus ausgerottet sind, wird für die Deutschen Hoffnung auf ein würdiges Leben und einen Platz in der Völkergemeinschaft bestehen. [. . .]

Punkt 3 — Wiedergutmachung durch Deutschland

Wir haben die Frage des Schadens, den Deutschland in diesem Krieg den Vereinten Nationen zugefügt hat, erörtert und für

Recht befunden, daß Deutschland in größtmöglichem Umfang verpflichtet wird, in gleicher Form Ersatz für den verursachten Schaden zu leisten. Eine Schadenersatzkommission wird eingesetzt werden.

Die Kommission wird angewiesen, die Frage des Umfangs und der Art und Weise der Wiedergutmachung des von Deutschland den alliierten Ländern zugefügten Schadens zu behandeln. Die Kommission wird in Moskau arbeiten. [. . .]

Punkt 9 – Einigkeit im Frieden wie im Kriege

Unsere Zusammenarbeit hier in der Krim hat unseren gemeinsamen Entschluß von neuem bestätigt, die Einheitlichkeit der Zielsetzung und des Vorgehens, welche den Vereinten Nationen den Sieg in diesem Krieg ermöglicht und gesichert hat, im kommenden Frieden aufrechtzuerhalten und zu stärken. Wir glauben, daß dies eine heilige Pflicht ist, deren Erfüllung unsere Regierungen ihren eigenen Völkern sowie den Völkern der Welt schulden.

Nur durch fortlaufende und wachsende Zusammenarbeit und Verständigung unter unseren drei Ländern und unter allen friedliebenden Nationen können die höchsten Bestrebungen der Menschheit verwirklicht werden, nämlich ein sicherer und dauerhafter Frieden, der, in den Worten der Atlantik-Charta, ‚Gewähr dafür bietet, daß alle Menschen in allen Ländern ihr Leben frei von Furcht und Not verbringen können'.

Wir sind der Ansicht, daß der Sieg in diesem Kriege und die Gründung der vorgeschlagenen internationalen Organisation die größte Gelegenheit in der Geschichte bieten wird, in den kommenden Jahren die für einen solchen Frieden wesentliche Voraussetzungen zu schaffen. [. . .]

Dokumentarische Unterlagen für die Gipfelkonferenz Mai 1960, Heinrich v. Siegler, S. 8 ff, Verlag für Zeitarchive.

Das Abkommen von Potsdam vom 2. August 1945 – Auszug

A. Politische Grundsätze

I. Alliierte Armeen führen die Besetzung von ganz Deutschland durch, und das deutsche Volk fängt an, die furchtbaren Verbrechen zu büßen, die unter der Leitung derer, welche es zur Zeit ihrer Erfolge offen gebilligt hat und denen es blind gehorcht hat, begangen wurden.

Auf der Konferenz wurde eine Übereinkunft erzielt über die politischen und wirtschaftlichen Grundsätze der gleichgeschalteten Politik der Alliierten in bezug auf das besiegte Deutschland in der Periode der alliierten Kontrolle. Das Ziel dieser Übereinkunft bildet die Durchführung der Krim-Deklaration über Deutschland. Der deutsche Militarismus und Nazismus werden ausgerottet, und die Alliierten treffen nach gegenseitiger Vereinbarung in der Gegenwart und in Zukunft auch andere Maßnahmen, die notwendig sind, damit Deutschland niemals mehr seine Nachbarn oder die Erhaltung des Friedens in der ganzen Welt bedrohen kann.

1. Entsprechend der Übereinkunft über das Kontrollsystem in Deutschland wird die höchste Regierungsgewalt in D. durch die Oberbefehlshaber der Streitkräfte der USA, GB, UdSSR und der Frz. Republik nach den Weisungen ihrer entsprechenden Regierungen ausgeübt, und zwar von jedem in seiner Besatzungszone, sowie gemeinsam in ihrer Eigenschaft als Mitglieder des Kontrollrates in den Deutschland als Ganzes betr. Fragen.

2. Soweit dieses praktisch durchführbar ist, muß die Behandlung der deutschen Bevölkerung in ganz Deutschland gleich sein.

3. Die Ziele der Besetzung Deutschlands, durch welche der Kontrollrat sich leiten lassen soll, sind:

   I. Völlige Abrüstung und Entmilitarisierung Deutschlands und die Ausschaltung der gesamten deutschen Industrie, welche für eine Kriegsproduktion benutzt werden kann oder deren Überwachung. Zu diesem Zweck:

a) werden alle Land-, See- und Luftstreitkräfte Deutschlands, SS, SA, SD und Gestapo mit allen ihren Organisationen, Stäben und Ämtern, einschließlich des Generalstabes, des Offizierskorps, der Reservisten, der Kriegsschulen, der Kriegsvereine und alle anderen militärischen Organisationen zusammen mit ihren Vereinen und Unterorganisationen, die den Interessen der Erhaltung der militärischen Traditionen dienen, völlig und endgültig aufgelöst, um damit für immer der Wiedergeburt oder Wiederaufrichtung des deutschen Militarismus und Nazismus vorzubeugen.

II. Das deutsche Volk muß überzeugt werden, daß es eine totale militärische Niederlage erlitten hat, und daß es sich nicht der Verantwortung entziehen kann für das, was es selbst dadurch auf sich geladen hat, daß seine eigene mitleidslose Kriegsführung und der fanatische Widerstand der Nazis die deutsche Wirtschaft zerstört und Chaos und Elend unvermeidlich gemacht haben.

III. Die Nationalsozialistische Partei mit ihren angeschlossenen Gliederungen und Unterorganisationen ist zu vernichten; alle nationalsozialistischen Ämter sind aufzulösen; es sind Sicherheiten dafür zu schaffen, daß sie in keiner Form wieder auferstehen können; jeder nazistischen und militärischen Betätigung und Propaganda ist vorzubeugen.

IV. Die endgültige Umgestaltung des deutschen politischen Lebens auf demokratischer Grundlage und eine eventuelle friedliche Mitarbeit Deutschlands am internationalen Leben sind vorzubereiten [. . .]

4. Alle nazistischen Gesetze, welche die Grundlagen für das Hitler-Regime geliefert haben oder eine Diskriminierung auf Grund der Rasse, Religion oder politischen Überzeugung errichteten, müssen abgeschafft werden. Keine solche Diskriminierung, weder eine rechtliche noch eine administrative oder irgendeiner anderen Art wird geduldet werden.

5. Kriegsverbrecher und alle diejenigen, die an der Planung oder Verwirklichung nazistischer Maßnahmen, die Greuel oder Kriegsverbrechen nach sich zogen oder als Ergebnis hatte,

teilgenommen haben, sind zu verhaften und dem Gericht zu übergeben. Nazistische Parteiführer, einflußreiche Nazi-Anhänger und die Leiter der nazistischen Ämter und Organisationen und alle anderen Personen, die für die Besetzung und ihre Ziele gefährlich sind, sind zu verhaften und zu internieren. [. . .]

B. Wirtschaftliche Grundsätze
11. Mit dem Ziele der Vernichtung des deutschen Kriegspotentials ist die Produktion von Waffen, Kriegsausrüstung und Kriegsmitteln, ebenso die Herstellung aller Typen von Flugzeugen und Seeschiffen zu verbieten und zu unterbinden. Die Herstellung von Metallen und Chemikalien, der Maschinenbau und die Herstellung anderer Gegenstände, die unmittelbar für die Kriegswirtschaft notwendig sind, ist streng zu überwachen und zu beschränken, entsprechend dem genehmigten Stand der friedlichen Nachkriegsbedürfnisse Deutschlands, um die in dem Punkt 15 angeführten Ziele zu befriedigen. Die Produktionskapazität, entbehrlich für die Industrie, welche erlaubt sein wird, ist entsprechend dem Reparationsplan, empfohlen durch die interalliierte Reparationskommission und bestätigt durch die beteiligten Regierungen, entweder zu entfernen oder, falls sie nicht entfernt werden kann, zu vernichten.
12. In praktisch kürzester Frist ist das deutsche Wirtschaftsleben zu dezentralisieren mit dem Ziel der Vernichtung der bestehenden übermäßigen Konzentration der Wirtschaftskraft, dargestellt insbesondere durch Kartelle, Syndikate, Trusts und andere Monopolvereinigungen.
13. Bei der Organisation des deutschen Wirtschaftslebens ist das Hauptgewicht auf die Entwicklung der Landwirtschaft und der Friedensindustrie für den inneren Bedarf (Verbrauch) zu legen.
14. Während der Besatzungszeit ist Deutschland als eine wirtschaftliche Einheit zu betrachten. Mit diesem Ziel sind gemeinsame Richtlinien aufzustellen hinsichtlich:
a) der Erzeugung und der Verteilung der Produkte der Bergbau- und der verarbeitenden Industrie; [. . .]

15. Es ist eine alliierte Kontrolle über das deutsche Wirtschaftsleben zu errichten, jedoch nur in den Grenzen, die notwendig sind [. . .]
16. Zur Einführung und Unterstützung der wirtschaftlichen Kontrolle, die durch den Kontrollrat errichtet worden ist, ist ein deutscher Verwaltungsapparat zu schaffen [. . .]
19. Die Bezahlung der Reparationen soll dem deutschen Volk genügend Mittel belassen, um ohne Hilfe von außen zu existieren. Bei der Aufstellung des Haushaltsplanes Deutschlands sind die nötigen Mittel für die Einfuhr bereitzustellen, die durch den Kontrollrat in Deutschland genehmigt worden ist. Die Einnahmen aus der Ausfuhr der Erzeugnisse der laufenden Produktion und der Warenbestände dienen in erster Linie zur Bezahlung dieser Einfuhr. Die hier erwähnten Bedingungen werden nicht angewandt bei den Einrichtungen und Produkten, die in den Punkten 4 a) und 4 b) der Übereinkunft über die deutschen Reparationen erwähnt sind.

Dokumentarische Unterlagen für die Gipfelkonferenz Mai 1960 . . .

Aus dem Aufruf des ZK der KPD vom 11. Juni 1945 an das deutsche Volk:

Wohin wir blicken, Ruinen, Schutt und Asche. Unsere Städte sind zerstört, weite ehemals fruchtbare Gebiete verwüstet und verlassen. Die Wirtschaft ist desorganisiert und völlig gelähmt. Millionen und aber Millionen Menschenopfer hat der Krieg verschlungen, den das Hitlerregime verschuldete. Millionen wurden in tiefste Not und größtes Elend gestoßen.
Eine Katastrophe unvorstellbaren Ausmaßes ist über Deutschland hereingebrochen, und aus den Ruinen schaut das Gespenst der Obdachlosigkeit, der Seuchen, der Arbeitslosigkeit, des Hungers. Und wer trägt daran die Schuld?
Die Schuld und die Verantwortung tragen die gewissenlosen Abenteurer und Verbrecher, die die Schuld am Kriege tragen.

Es sind die Hitler und Göring, Himmler und Goebbels, die aktiven Anhänger und Helfer der Nazipartei. Es sind die Träger des reaktionären Militarismus, die Keitel, Jodl und Konsorten. Es sind die imperialistischen Auftraggeber der Nazipartei, die Herren der Großbanken und Konzerne, die Krupp und Röchling, Poensgen und Siemens. [. . .]
Jetzt gilt es, gründlich und für immer die Lehren aus der Vergangenheit zu ziehen. Ein ganz neuer Weg muß beschritten werden! Werde sich jeder Deutsche bewußt, daß der Weg, den unser Volk bisher ging, ein falscher Weg, ein Irrweg war, der in Schuld und Schande, Krieg und Verderben führte!

Nicht nur der Schutt der zerstörten Städte, auch der reaktionäre Schutt aus der Vergangenheit muß gründlich hinweggeräumt werden. Möge der Neubau Deutschlands auf solider Grundlage erfolgen, damit eine dritte Wiederholung der imperialistischen Katastrophenpolitik unmöglich wird.

Mit der Vernichtung des Hitlerismus gilt es gleichzeitig, die Sache der Demokratisierung Deutschlands, die Sache der bürgerlich-demokratischen Umbildung, die 1848 begonnen wurde, zu Ende zu führen, die feudalen Überreste völlig zu beseitigen und den reaktionären altpreußischen Militarismus mit allen seinen ökonomischen und politischen Ablegern zu vernichten.
Wir sind der Auffassung, daß der Weg, Deutschland das Sowjetsystem aufzuzwingen, falsch wäre, denn dieser Weg entspricht nicht den gegenwärtigen Entwicklungsbedingungen in Deutschland.
Wir sind vielmehr der Auffassung, daß die entscheidenden Interessen des deutschen Volkes in der gegenwärtigen Lage für Deutschland einen anderen Weg vorschreiben, und zwar den Weg der Aufrichtung eines antifaschistischen, demokratischen Regimes, einer parlamentarisch-demokratischen Republik mit allen demokratischen Rechten und Freiheiten für das Volk.

An der gegenwärtigen historischen Wende rufen wir Kommunisten alle Werktätigen, alle demokratischen und fortschrittlichen Kräfte des Volkes zu diesem großem Kampf für die demokratische Erneuerung Deutschlands, für die Wiedergeburt unseres Landes auf!

Die unmittelbarsten und dringendsten Aufgaben auf diesem Weg sind gegenwärtig vor allem:

1. Vollständige Liquidierung der Überreste des Hitlerregimes und der Hitlerpartei. Mithilfe aller ehrlichen Deutschen bei der Aufspürung versteckter Naziführer, Gestapoagenten und SS-Banditen. Restlose Säuberung aller öffentlichen Ämter von den aktiven Nazisten. Außer der Bestrafung der großen Kriegsverbrecher, die vor den Gerichten der Vereinten Nationen stehen werden, strengste Bestrafung durch deutsche Gerichte aller Nazis, die sich krimineller Verbrechen und der Teilnahme an Hitlers Volksverrat schuldig gemacht haben. Schnellste und härteste Maßnahmen gegen alle Versuche, die verbrecherische nazistische Tätigkeit illegal fortzusetzen, gegen alle Versuche, die Herstellung der Ruhe und Ordnung und eines normalen Lebens der Bevölkerung zu stören.

2. Kampf gegen Hunger, Arbeitslosigkeit und Obdachlosigkeit. Allseitige aktive Unterstützung der Selbstverwaltungsorgane in ihrem Bestreben, rasch ein normales Leben zu sichern und die Erzeugung wieder in Gang zu bringen. Völlig ungehinderte Entfaltung des freien Handels und der privaten Unternehmerinitiative auf der Grundlage des Privateigentums. Wirkungsvolle Maßnahmen zum Wiederaufbau der zerstörten Schulen, Wohn- und Arbeitsstätten. Strenge Sparsamkeit in der Verwaltung und bei allen öffentlichen Ausgaben. Umbau des Steuerwesens nach dem Grundsatz der progressiven Steigerung, Sicherung der restlosen Ernteeinbringung auf dem Wege breiter Arbeitshilfe für die Bauern. Gerechte Verteilung der Lebensmittel und der wichtigsten Verbrauchsgegenstände; energischer Kampf gegen die Spekulation.

3. Herstellung der demokratischen Rechte und Freiheiten des Volkes. Wiederherstellung der Legalität freier Gewerkschaften der Arbeiter, Angestellten und Beamten sowie der antifaschi-

stischen, demokratischen Parteien. Umbau des Gerichtswesens gemäß den neuen demokratischen Lebensformen des Volkes. Gleichheit aller Bürger ohne Unterschied auf Rassen vor dem Gesetz und strengste Bestrafung aller Äußerungen des Rassenhasses. Säuberung des gesamten Erziehungs- und Bildungswesens von dem faschistischen und reaktionären Unrat. Pflege eines wahrhaft demokratischen, fortschrittlichen und freiheitlichen Geistes in allen Schulen und Lehranstalten. Systematische Aufklärung über den barbarischen Charakter der Nazi-Rassentheorie, über die Verlogenheit der ‚Lehre vom Lebensraum', über die katastrophalen Folgen der Hitlerpolitik für das deutsche Volk. Freiheit der wissenschaftlichen Forschung und künstlerischen Gestaltung.

4. Wiederaufrichtung der auf demokratischer Grundlage beruhenden Selbstverwaltungsorgane in den Gemeinden, Kreisen und Bezirken sowie der Provinzial- bzw. Landesverwaltungen und der entsprechenden Landtage.

5. Schutz der Werktätigen gegen Unternehmerwillkür und unbotmäßige Ausbeutung. Freie demokratische Wahlen der Betriebsvertretungen der Arbeiter, Angestellten und Beamten in allen Betrieben, Büros und bei allen Behörden. Tarifliche Regelung der Lohn- und Arbeitsbedingungen. Öffentliche Hilfsmaßnahmen für die Opfer des faschistischen Terrors, für Waisenkinder, Invaliden und Kranke. Besonderer Schutz den Müttern.

6. Enteignung des gesamten Vermögens der Nazibonzen und Kriegsverbrecher. Übergabe dieses Vermögens in die Hände des Volkes zur Verfügung der kommunalen und provinzialen Selbstverwaltungsorgane.

7. Liquidierung des Großgrundbesitzes, der großen Güter der Junker, Grafen und Fürsten und Übergabe ihres ganzen Grund und Bodens sowie des lebenden und toten Inventars an die Provinzial- bzw. Landesverwaltungen zur Zuteilung an die durch den Krieg ruinierten und besitzlos gewordenen Bauern. Es ist selbstverständlich, daß diese Maßnahmen in keiner Weise den Grundbesitz und die Wirtschaft der Großbauern berühren werden.

8. Übergabe all jener Betriebe, die lebenswichtigen öffentlichen Bedürfnissen dienen (Verkehrsbetriebe, Wasser-, Gas- und Elektrizitätswerke usw.), sowie jener Betriebe, die von ihren Besitzern verlassen wurden, in die Hände der Selbstverwaltungsorgane der Gemeinden oder Provinzen bzw. Länder.
9. Friedliches und gutnachbarliches Zusammenleben mit den anderen Völkern. Entschiedener Bruch mit der Politik der Aggression und der Gewalt gegenüber anderen Völkern, der Politik der Eroberung und des Raubes.
10. Anerkennung der Pflicht der Wiedergutmachung für die durch die Hitleraggression den anderen Völkern zugefügten Schäden. Gerechte Verteilung der sich daraus ergebenden Lasten auf die verschiedenen Schichten der Bevölkerung nach dem Grundsatz, daß die Reicheren eine größere Last tragen.
Werktätige in Stadt und Land!
Das sind die ersten und dringendsten Aufgaben zum Wiederaufbau Deutschlands, zur Neugeburt unseres Volkes. Diese Aufgaben können nur durch die feste Einheit aller antifaschistischen, demokratischen und fortschrittlichen Volkskräfte verwirklicht werden.
Erfüllt von der Erkenntnis des Ausmaßes der Katastrophe und der verhängnisvollen Folgen der bisherigen Spaltung des Volkes gegenüber Nazismus und Reaktion, bricht sich in Stadt und Land immer stärker den Drang zur Einheit Bahn. In Übereinstimmung mit diesem Willen des Volkes darf den Spaltern und Saboteuren der Einheit kein Zoll Raum für ihr verräterisches Werk gegeben werden. Notwendig ist die Schaffung einer festen Einheit der Demokratie für die endgültige Liquidierung des Nazismus und zum Aufbau eines neuen demokratischen Deutschlands!

Das Zentralkomitee der Kommunistischen Partei Deutschlands ist der Auffassung, daß das vorstehende Aktionsprogramm als Grundlage zur Schaffung eines Blocks der antifaschistischen, demokratischen Parteien (der Kommunistischen Partei, der Sozialdemokratischen Partei, der Zentrumspartei und anderer) dienen kann.

Wir sind der Auffassung, daß ein solcher Block die feste Grundlage im Kampf für die völlige Liquidierung der Überreste des Hitlerregimes und für die Aufrichtung eines demokratischen Regimes bilden kann.

Ein neues Blatt in der Geschichte des deutschen Volkes wird aufgeschlagen. Aus den Lehren des Niederbruchs Deutschlands bahnen sich im Volk neue Erkenntnisse den Weg.

Wir erklären: Feste Einheit, entschlossener Kampf und beharrliche Arbeit bilden die Garantien des Erfolges unserer gerechten Sache!

Fester den Tritt gefaßt! Höher das Haupt erhoben! Mit aller Kraft ans Werk! Dann wird aus Not und Tod, Ruinen und Schmach die Freiheit des Volkes und ein neues würdiges Leben entstehen.

Berlin, den 11. Juni 1945

Zentralkomitee
der Kommunistischen Partei Deutschlands

Deutsche Volkszeitung, Nr. 1, 13. Juni 1945.

Antrag auf Lizensierung der SPD

Am 20. August 1945 richteten Dr. Kurt Schumacher und seine engsten Freunde ein Schreiben an die britische Militärregierung, in welchem sie um die Erlaubnis der Gründung einer Ortsgruppe der SPD in Hannover baten. Die progammatische Erklärung der Ziele der SPD hat folgenden Inhalt:

„Die Unterzeichneten bitten um die Erlaubnis, den Ortsverein Hannover, der Sozialdemokratischen Partei Deutschlands gründen, und mit der als erlaubt bekanntgegebenen Partei an die Öffentlichkeit treten zu dürfen.

Das Programm der Sozialdemokratischen Partei entspricht dem Programm der Zweiten Internationale einschließlich der

Labour-Party in England und konzentriert sich in folgenden Punkten:

Überwindung des Nazismus und Militarismus durch Änderung der gesellschaftlichen, ökonomischen und geistigen Grundlagen im Sinne des Sozialismus.

Konsequente Demokratie auf allen Gebieten des politischen, gesellschaftlichen und kulturellen Lebens.

Wiedererweckung der im deutschen Volk geschwundenen Achtung vor der großen Idee der Menschheit und der menschlichen Persönlichkeit.

Pflege der großen Tradition der deutschen Geisteskultur im Zusammenleben mit den Kulturen der anderen Nationen.

Erziehung der Jugend im Geiste des Friedens, der Demokratie und der internationalen Zusammenarbeit.

Toleranz gegenüber allen Religionen und Weltanschauungen.

Vergesellschaftung aller sozialisierungsreifen Zweige der Wirtschaft.

Planmäßige Lenkung der Wirtschaft beim Wiederaufbau.

Tatkräftige Hilfe für alle Opfer der Politik der letzten zwölf Jahre, für alle Schwachen und Hilfsbedürftigen.

Beschleunigte Instandsetzung der Produktionsstätten und Wohnungen.

Gerechte Verteilung des Sozialprodukts, der Lebensmittel und der lebensnotwendigen Gegenstände.

Die Sozialdemokratische Partei, als die stärkste Partei Deutschlands, bekennt sich zur Zusammenarbeit mit allen unbelasteten Aufbauwilligen für ein anderes, besseres Deutschland, das die Achtung und das Vertrauen der Welt genießt.

Nach: Du wirst uns immer Vorbild sein. Herausgegeben vom Zentralsekretariat der Jungsozialisten, Bonn o. J., S. 20 f.

Tag des Friedens und der Befreiung
Entschließung des Parteivorstands der DKP zur Vorbereitung des 40. Jahrestages der Befreiung am 8. Mai 1985

Am 8. Mai 1985 jährt sich zum 40. Mal die Beendigung des zweiten Weltkrieges. Wir Kommunisten begehen diesen 8. Mai als Tag des Friedens und der Befreiung. Dieser Gedenktag wird die politische Diskussion in unserem Lande in besonderem Maße bestimmen. Die Arbeiterbewegung, die antifaschistische Widerstands- und Friedensbewegung, die gesamte demokratische Öffentlichkeit werden die historischen Lehren für die Gegenwart ziehen. Die rechtskonservativen Kräfte dagegen werden die Geschichte wiederum fälschen und die Ursachen für Krieg und Faschismus zu entstellen suchen.

Darum ruft der Parteivorstand alle Mitglieder der DKP, Gewerkschafter, Mitglieder der Friedensbewegung, die Jugend- und Frauenbewegung auf, den 8. Mai 1985 im Geiste des Kampfes für Frieden und Arbeit und gegen Hochrüstung und Revanchismus vorzubereiten.

Am 8. Mai 1945 war die militärische Vernichtungsmaschinerie des deutschen Imperialismus zerschlagen. Es war der Tag der Befreiung vom Hitler-Faschismus für das deutsche Volk, für die Völker Europas, für die gesamte Menschheit. Es war der Tag des Triumphes über die Barbarei.

Es ist die historische Wahrheit: Der Sieg über den Faschismus und damit die Befreiung von der schlimmsten Geißel in der Menschheitsgeschichte ist vor allem der Sowjetunion zu verdanken. Über 20 Millionen sowjetischer Menschen gaben ihr Leben in diesem Kampf. 7,3 Millionen Deutsche, Männer, Frauen, Jugendliche und Kinder, verloren ihr Leben für einen räuberischen Krieg, der nicht der ihre war. Die Rote Armee brachte der Hitlerarmee die kriegsentscheidende Niederlage bei. Den Sieg über den Faschismus verdankt unser Volk jenen Völkern, die sich in der Anti-Hitler-Koalition zusammengeschlossen und große Opfer gebracht haben. Den Sieg über den Faschismus verdankt unser Volk auch den Frauen und

Männern des deutschen Widerstandes. Ihnen allen gebührt der Dank und der Respekt unseres Volkes.

Von deutschem Boden darf nie wieder Krieg ausgehen: Darin waren sich 1945 alle demokratischen Kräfte einig. Heute aber wird gegen die Sowjetunion aggressiver denn je gerüstet. Der US-Imperialismus stationierte auf dem Boden der Bundesrepublik atomare Erstschlagwaffen, die auf Moskau und Leningrad gerichtet sind. Wieder kann nach 40 Jahren von deutschem Boden ein Vernichtungskrieg unvorstellbaren Ausmaßes ausgehen.

Wenn der 8. Mai eine entscheidende Lehre vermittelt, dann kann sie nur lauten: Raus mit den Atomraketen aus unserem Land! Abrüstung und Fortgang der Entspannungspolitik statt Hochrüstung, Konfrontation und antikommunistischem Kreuzzug!

Wenn 40 Jahre nach der Befreiung von Faschismus und Krieg wieder führende Politiker der CDU/CSU die Nachkriegsgrenzen in Frage stellen; wenn vom „Deutschen Reich in den Grenzen von 1937" gesprochen wird; wenn Revanchistenverbände aufmarschieren; wenn neonazistische Gruppierungen ihr Unwesen treiben können und wenn gleichzeitig gegen Kommunisten verfassungswidrige Berufsverbote verhängt werden – dann muß der 40. Jahrestag der Befreiung dem folgenden Ziel dienen: Die Wurzeln von Krieg und Faschismus aufzudecken. Die Rolle des deutschen Großkapitals, insbesondere die der Rüstungsmetropole, von damals und heute, sichtbar zu machen. Den Rüstungskonzernen, wie Flick, der einst die Nazis ebenso finanzierte wie heute Bonner Politiker, muß die politische und wirtschaftliche Macht genommen werden.

Der Tag der Befreiung ist auch die Stunde der Besinnung auf jenen demokratischen Neubeginn, den die besten Kräfte unseres Volkes nach der Zerschlagung des Faschismus begannen. Ein neues, antimilitaristisches, von Nazismus und Rassenwahn befreites, demokratisches Deutschlands sollte entstehen. Die Einheitsgewerkschaft wurde geschaffen. Die Monopole sollten entmachtet, die Rüstungskonzerne enteignet, eine Bodenreform durchgeführt werden. Das waren Ziele von

Kommunisten, Sozialdemokraten und christlichen Arbeitern. Denn die grausame Erfahrung von Faschismus und Krieg vermittelte eindringlich die Lehre: Die Arbeiterklasse muß einheitlich handeln.

Im Osten vereinten sich Sozialdemokraten und Kommunisten zur Einheitspartei, damit zur führenden Kraft. Im Westen wurde diese historisch überfällige Entwicklung durch die imperialistischen Besatzungsmächte und ihre deutschen Helfer verhindert. Während in der DDR die Prinzipien des Potsdamer Abkommens – das die Entwicklung für ein demokrtaisches Nachkriegsdeutschland festschreibt – verwirklicht wurden, wurden in der Bundesrepublik die Weichen auf Restauration der alten Besitz- und Machtverhältnisse unter maßgeblichem Einfluß der USA gestellt. Der deutsche Imperialismus gewann wieder ökonomische und politische Stärke.

Wenn heute, 40 Jahre danach, der krisengeschüttelte Kapitalismus mit seiner Hochrüstung, Massenarbeitslosigkeit, neuerwachendem Revanchismus und Antisowjetismus in unserem Land herrscht, in dem sich Konzerne alles kaufen können – Minister, Gesetze und ganze Regierungen –, dann ist die historische Erfahrung der Arbeiterklasse von 1945 von hoher Aktualität: Aktionseinheit gegen rechts. Aktionseinheit für den Frieden. Aktionseinheit für Arbeit und Brot!

Der Parteivorstand wendet sich an die Mitglieder und Organisationen, an alle Leitungen der Partei, die Vorbereitung des 8. Mai 1985 im Geiste dieser Entschließung durchzuführen und eigene Initiativen zu entwickeln.

Der Parteivorstand begrüßt die Initiativen der VVN/Bund der Antifaschisten ebenso wie die Anstrengungen der Gewerkschaften, der Gewerkschaftsjugend, der Friedensbewegung, der Sozialdemokratischen Partei und engagierter Christen, den 8. Mai zum Tag des Friedens und der Besinnung auf die historischen Lehren zu gestalten.

Wir Kommunisten unterstützen alles, was dem einheitlichen Handeln in demokratischen Bündnissen dient. Eingedenk der Hauptlehre des 8. Mai 1945: Man muß sich wehren, wenn der Friede in Gefahr ist. Man muß sich wehren, wenn die Demokratie abgebaut wird und Revanchismus und Neonazismus wuchern. Besser die Rechtswende umkehren, ehe sie grausame Vollendung findet, ehe ihre schreckliche Saat aufgeht!

Ernst Breit Vorsitzender des Deutschen Gewerkschaftsbundes

Statement für die Neujahrspressekonferenz am 15. 1. 1985 in Düsseldorf

... Meine Damen und Herren, mit Frohsinn verniedlichen oder mit Tiefsinn vernebeln, das ist das Bonner Rezept für die Bewältigung der Gegenwartsprobleme. Das Internationale Ansehen unseres Landes müßte Schaden nehmen, wenn dieses Rezept am 8. Mai dieses Jahres auch noch zur Vergangenheitsbewältigung eingesetzt würde.
Ich finde die Unsicherheit im Umgang mit diesem Datum beklemmend. Kann man sich nicht wenigstens auf das besinnen und einigen, was der Pionier der deutschen Zeitgeschichte, Hans Rothfels, gesagt hat? Rothfels sprach von der „tiefen Paradoxie" dieses Tages und fügte hinzu: „Es waren deutsche Patrioten, die diesen Tag der Kapitulation herbeiflehen mußten, so wenig sie sich über das Danachkommende Illusionen machen mochten."
Sicherlich hat der 8. Mai 1945 nicht für alle Teile der deutschen Bevölkerung dasselbe bedeutet. Für diejenigen, die Hitler zur Macht verholfen hatten, für die Gruppen des Bürgertums, auf die sich das nationalsozialistische Herrschaftssystem vor allem stützen konnte, war der 8. Mai natürlich die dunkelste Stunde ihrer Geschichte.
Für die deutsche Arbeiterbewegung war der 8. Mai auch eine Mahnung an die Tatsache, daß nicht sie es gewesen war, die den Nationalsozialismus gestürzt hatte. Dennoch bedeutete dieser Tag für die Arbeitnehmer die endgültige völkerrechtlich wirksame Befreiung von einem Joch, unter dem sie – nach der jüdischen Bevölkerung – am meisten gelitten hatten.

Deshalb wird der DGB den 8. Mai als einen Tag der Befreiung begehen, und zwar eben mit der Nachdenklichkeit, die das Rothfels-Zitat fordert.

Ich glaube jedenfalls, daß niemand den Heimatvertriebenen und Flüchtlingen verwehren darf, um das zu trauern, was ihnen genommen wurde. Doch für ihre Klagen, ihren Zorn und ihre Trauer gibt es nur eine einzige Adresse: es ist die Adresse des deutschen Nationalsozialismus. Die Völker in Osteuropa haben es nicht verdient, daß sie, die einen Blutzoll ohnegleichen haben entrichten müssen, wieder zum Ziel von Forderungen werden, die kaum anders als mit dem Wort „Revanchismus" bezeichnet werden können.

Meine Damen und Herren, in dem Jahr, in dem sich das Ende des Zweiten Weltkrieges zum 40. Mal jährt, haben die Großmächte zu einem neuen Abrüstungsdialog zusammengefunden. Diese Tatsache ist weltweit und ganz besonders in Europa zur Kenntnis genommen worden.

Es ist allerdings noch längst nicht entschieden, ob diese Verhandlungen den Frieden sichern oder die Friedensbewegung in West und Ost wieder lebendiger und größer werden lassen. Eines steht fest: Der Erfolgsdruck ist gewachsen. Ein erneutes Scheitern – darüber müssen sich alle Beteiligten im klaren sein – müßte das Vertrauen in den Friedenswillen der Großmächte schwer erschüttern.

Die Gewerkschaften gehören zu denjenigen, die das Ende der Eiszeit zwischen Moskau und Washington uneingeschränkt begrüßen. Die Gewerkschaften werden aber auch zu denjenigen gehören, die kritisch verfolgen, ob der wiederaufgenommene Dialog am Ende nur als Deckmantel für eine weiterhin ungebremste Aufrüstung dienen wird, oder ob die dringend notwendigen konkreten Abrüstungsschritte gelingen . . .

Zeittafel

1941

11. Juni	Weisung Nr. 32 über die Strategie nach Beendigung des Krieges gegen die Sowjetunion
22. Juni	Faschistischer Überfall auf die Sowjetunion.
5./6. Dez.	Beginn der sowjetischen Gegenoffensive vor Moskau.
7. Dez.	Japanischer Überfall auf den amerikanischen Flottenstützpunkt Pearl Harbour. Ausweitung des zweiten Weltkrieges.

1943

31. Jan./2. Febr.	Kapitulation der deutschen Truppen in Stalingrad
18. Febr.	Verkündung des totalen Krieges in Deutschland
Juli/August	Schlacht bei Kursk. Die Sowjetarmee erkämpft den endgültigen Umschwung des zweiten Weltkrieges zugunsten der antifaschistischen Koalition
12./13. Juli	Gründung des Nationalkomitees „Freies Deutschland".
8. Sept.	Abfall Italiens vom faschistischen Block.

1944

6. Juni	Alliierte Landung in der Normandie. Eröffnung der zweiten Front in Europa
Juni/Juli	Vernichtung der faschistischen Heeresgruppe Mitte in Belorußland
20. Juli	Attentat auf Hitler und Scheitern der bürgerlich-militärischen Verschwörung.
16. Dez.	Beginn der faschistischen Gegenoffensive in den Ardennen.

1945—47

16. Apr.	Beginn der sowjetischen Offensive auf Berlin.
30. Apr.	Selbstmord Hitlers.

8. Mai	Unterzeichnung der bedingungslosen Kapitulation.
23. Mai	Verhaftung der „Regierung Dönitz".
17. Juli–2. Aug.	Potsdamer Konferenz
8. Aug.	Londoner Abkommen über die Bestrafung der Kriegsverbrecher.
Sommer	Formierung der ersten deutschen Dienstgruppen-Einheiten bei den britischen Streitkräften.
20. Nov.	Protest der Sowjetischen Militärverwaltung gegen die Erhaltung von Teilen der Naziwehrmacht in der britischen Besatzungszone.
20. Nov. bis 1. Okt.	Nürnberger Hauptkriegsverbrecherprozeß
15. Mai	Bildung der Industriepolizei in der amerikanischen Besatzungszone.
1. Jan.	Schaffung der Bizone durch die wirtschaftliche Vereinigung der britischen und amerikanischen Besatzungszone.

1948

17. März	Brüsseler Pakt (WEU) zwischen Frankreich, Großbritannien und den Benelux-Staaten.
28. Apr.	Unterzeichnung des Ruhrstatutes.
20. Juni	Separate Währungsreform in den Westzonen.
6. Sept.	Sprengung der einheitlichen Berliner Stadtverordnetenversammlung durch die reaktionären Kräfte.

1948

4. Apr.	Gründung der NATO.
8. Mai	Der Parlamentarische Rat in Bonn verabschiedet den Entwurf eines Grundgesetzes für den künftigen Westzonenstaat.
12. Mai	Verkündung des Besatzungsstatuts für Westdeutschland (am 21. September in Kraft gesetzt).
7. Sept.	Gründung der Bundesrepublik Deutschland. Spaltung Deutschlands damit vollzogen.
12. Sept.	Amtsantritt der Adenauer-Regierung.

7. Okt.	Gründung der DDR.
22. Nov.	Unterzeichnung des Petersberger Abkommens durch Adenauer und die drei westlichen Hohen Kommissare.

1950

28. Aug.	Geiheimes Rüstungsmemorandum Adenauers an McCloy.
12. Sept.	Graf von Schwerin wird militärischer Berater Adenauers.
4.–9. Okt.	Geheimberatung ehemaliger Nazigeneräle und -admiräle über die Aufstellung einer westdeutschen Armee.
16. Okt.	Bildung der „Prüfstelle Godesberg".
26. Okt.	Ernennung Blanks zum „Beauftragten des Bundeskanzlers für die mit der Vermehrung und Unterbringung der alliierten Truppen zusammenhängenden Fragen" (Amt Blank).
Dez.	Speidel wird offizieller militärischer Berater Adenauers im Amt Blank.

1951

Jan.–Juni	Westdeutsche Alliierte Militärbesprechungen.
28. Jan.	Essener Kongreß gegen Remilitarisierung.
24. Febr.	Neugründung des Stahlhelm-Bundes der Frontsoldaten.
15. März	Errichtung des Bundesgrenzschutzes (BGS).
18. Apr.	Abschluß des Vetrages über die Europäische Gemeinschaft für Kohle und Stahl (Montanunion).
24. Apr.	Das Bonner Kabinett verbietet die Volksbefragung gegen die Remilitarisierung.
9. Sept.	Gründung des Verbandes deutscher Soldaten.

1952

Jan.	Gründung der Gesellschaft für Wehrkunde.
10. März	Sowjetischer Friedensvertragentwurf für Deutschland.

26./27. Mai	Unterzeichnung des General- und EVG-Vertrages durch Adenauer in Bonn und Paris.

1953

19. März	Ratifikation des General- und EVG-Vertrages durch den Bundestag.
11. Dez.	Errichtung der Bundesanstalt für zivilen Luftschutz.

1954

26. Febr.	Bundestag beschließt Verfassungsänderung, um Remilitarisierungsgesetze erlassen zu können.
30. Aug.	Ablehnung des EVG-Vertrages durch die französische Nationalversammlung.
28. Sept.–3. Okt.	Londoner Neunmächtekonferenz.
23. Okt.	Unterzeichnung der Pariser Verträge.
29. Nov.–2. Dez.	Konferenz für Europäische Sicherheit in Moskau.

1955

27. Febr.	Ratifizierung der Pariser Verträge im Bundestag.
5. Mai	Pariser Verträge treten in Kraft. Dadurch wird die BRD Mitglied der NATO.

Anmerkungen

Vorwort

1 Frankfurter Allgemeine Zeitung vom 12. 12. 1984.
2 Frankfurter Rundschau vom 7. 1. 1985.
3 Statement für die Neujahrskonferenz am 15. 1. 1984 in Düsseldorf – Manuskript.
4 Zit. in.: Unsere Zeit, Düsseldorf, 14. 12. 1984.
5 Unsere Zeit, Eigenbeilage vom 1. 12. 1984, S. 73 f.

Hitlers Wehrmacht in der Sowjetunion

1 Alexander Dallin, Deutsche Herrschaft in Rußland 1941–1945. Eine Studie über die Besatzungspolitik, Düsseldorf 1958, S. 678
2 Christian Streit, Keine Kameraden, Die Wehrmacht und die sowjetischen Kriegsgefangenen 1941–1945, Stuttgart 1978, S. 15.
Christian Streit verwendet den Begriff „konservativ" in diesem Zusammenhang, um eine Einstellung zu charakterisieren, die eng mit der ‚genuin nationalsozialistischen' verwandt ist, auch nahtlos in sie übergehen konnte, doch in der Zielsetzung und in der Wahl der Herrschaftsmethoden weniger radikal war, die sich eher an den Realitäten orientierte. Der Eroberungsfeldzug gegen die UdSSR wurde akzeptiert, doch ging es hier mehr um die Ausübung hegemonialer Macht im traditionellen Stil. Auch die Beseitigung der kommunistischen Führungsschicht wurde befürwortet. Die Bevölkerung in den okkupierten Gebieten der UdSSR würde nach dieser Auffassung, abgesehen von den Kommunisten, selbst die Überlegenheit Deutschlands anerkennen und sich seiner Führung unterwerfen, so daß radikale Unterdrückungsmaßnahmen nicht nötig seien. Diese sollten sich auf die „wirklichen" Gegner beschränken. Da die Vertreter dieser Auffassungen sich in der Hauptsache aus den konservativen Partnern der Nationalsozialisten von 1933 zusammensetzten, erschien Streit die Verwendung des Begriffes ‚konservativ' gerechtfertigt. Ein typischer Vertreter dieser Richtung war Otto Bräutigam.
3 So sah Otto Bräutigam die „große politische Aufgabe" im Osten „in der Beseitigung des bolschewistischen, die Welt bedrohenden Systems". In: Otto Bräutigam, So hat es sich zugetragen . . . Ein Leben als Soldat und Diplomat, Würzburg 1968, S. 387.
Helmut Krausnick, Kommissarbefehl und „Gerichtsbarkeitserlaß Barbarossa" in neuer Sicht, in: „Vierteljahreshefte für Zeitgeschichte, 25/1977, S. 720.
4 Christian Streit, a. a. O., S. 58
5 Ebenda, S. 22.
6 Otto Bräutigam, a. a. O., S. 372.
7 Alexander Dallin, a. a. O., S. 85.
8 Christian Streit, a. a. O., S. 24.
9 Hans-Adolf Jacobson, Kommissarbefehl und Massenexekution sowjetischer Kriegsgefangener, in: Anatomie des SS-Staates, Bd. 2, München 1982, S 140.
10 Vgl. Halder-Tgb. II, S. 337, nach: Helmut Krausnick, a. a. O., S. 685.
11 Erlaß Hitlers über Terrormaßnahmen gegen die sowjetische Bevölkerung und über die Straflosigkeit von Wehrmachtsangehörigen für Kriegsverbre-

chen in der Sowjetunion (Kriegsgerichtsbarkeitsbefehl), 13. Mai 1941, in: Norbert Müller (Hrg.), Deutsche Besatzungspolitik in der UdSSR, Dokumente, Köln 1980, S. 64 ff.
12 Zur Frage der Zahl siehe: Helmut Krausnick a. a. O.
13 Ebenda.
14 Ngb./Fall XII, S. 7796, 8272, nach: ebenda, S. 698 f.
15 Ebenda.
16 Nürnberger Dokumente, NOKW-209, nach: ebenda, S. 703.
17 Christian Streit, a. a. O., S. 39.
18 Anweisung des Oberbefehlshabers des Heeres zur Bekanntgabe und Durchführung des Kriegsgerichtsbarkeitsbefehls, 24. Mai 1941, in: Norbert Müller (Hrg.), a. a. O., S. 67.
19 Christian Streit, a. a. O., S. 43.
20 Helmut Krausnick, a. a. O., S. 730.
21 Weisung des OKH über brutales Vorgehen gegen die sowjetische Zivilbevölkerung und die Kriegsgefangenen, 25. Juli 1941, ZStA Potsdam, Fall 12, Bd. 113, Bl. 48–51, in: Norbert Müller (Hrg.), a. a. O., S. 107 f.
22 Helmut Krausnick, a. a. O., S. 731.
23 Christian Streit, a. a. O., S. 48.
24 Ebenda, S. 48.
25 Hans-Adolf Jacobsen, a. a. O., S. 147.
26 Helmut Krausnick, a. a. O., S. 710.
27 Ebenda, S. 710.
28 Christian Streit, a. a. O., S. 44 f.
29 Helmut Krausnick, a. a. O., S. 716.
30 Ebenda, S. 733.
31 Alexander Dallin, a. a. O., S. 45.
32 Aufzeichnungen Engel, nach: Hans-Adolf Jacobsen, a. a. O., S. 155.
33 Für die Zeit von 22. 6. bis 19. 7. 1941 meldete die Panzergruppe: „172 erledigt" (Nürnb. Dok. NOKW-1674), nach: Helmut Krausnick, a. a. O., S. 733.
34 Nürnb. Dok. NOKW-2672, nach: ebenda, S. 734.
35 BA/MA 30 233/6, nach: ebenda, S. 734.
36 BA/MA 30 233/16, nach: ebenda, S. 734.
37 Vgl. dazu weitere Beispiele bei Helmut Krausnick, a. a. O., S. 735.
38 Nürnb. Dok. NO/3422, nach: ebenda, S. 736.
39 Hans-Adolf Jacobsen, a. a. O., S. 154.
40 Besondere Anordnung Nr. 1 des Chef des OKW zur Weisung Nr. 21 mit Anlagen über: Gliederung und Aufgaben der im Raum ‚Barbarossa' einzusetzenden Wirtschaftsorganisation (1); Beute, Beschlagnahme und Inanspruchnahme von Dienstleistungen (2); Verhalten der deutschen Truppe in der Sowjetunion (3); 19. Mai 1941, Anlage 3, MA, H 072001/12, Bl. 371–387; in: Norbert Müller (Hrg.), a. a. O., S. 53.
41 Christian Streit, a. a. O., S. 50.
42 Weisung des OKH über brutales Vorgehen gegen die sowjetische Zivilbevölkerung und die Kriegsgefangenen, 25. Juli 1941, ZStA Potsdam, Fall 12, Bd. 113, Bl. 48–51, in: Norbert Müller (Hrg.), a. a. O., S. 108 f.
43 Christian Streit, a. a. O., S. 107.
44 Ebenda, S. 106.
45 Helmut Krausnick a. a. O., S. 701.

46 Christian Streit, a. a. O., S. 43.
47 Ebenda, S. 299.
48 Alexander Dallin. a. a. O., S. 106.
49 Anordnung des Oberbefehlshabers des Heeres über Organisation und Aufgaben des militärischen Okkupationsregimes in den zu unterdrückenden Gebieten der UdSSR (Besondere Anordnung für die Versorgung, Teil C), 3. April 1941, ZStA Potsdam, Fall 12, Bd. 181, Bl. 30−35 (Dok. NOKW-1648), in: Herbert Müller (Hrg.), a. a. O., S. 36.
50 Ebenda.
51 Wolfgang Schumann (Hrg.), Deutschland im Zweiten Weltkrieg, Bd. II, Köln (2) 1982, S. 120.
52 Norbert Müller, Wehrmacht und Okkupation 1941/1944, Berlin 1971, S. 78.
53 Erlaß Hitlers über die Ernennung von Wehrmachtsbefehlshabern in den okkupierten sowjetischen Gebieten, 25. Juni 1941; MA, W 6100/174, Bl. 680; in: Norbert Müller (Hrg.), a. a. O., S. 55.
54 Vgl. Die Richtlinie des Generalkommandos des XXVI Armeekorps v. 26. 12. 1941. Danach waren staatliche und Parteifunktionäre, Mitglieder der örtlichen und regionalen Sowjets, Aktivisten und Partisanen sofort zu erschießen. In: Deutschland im Zweiten Weltkrieg, Bd. II, a. a. O., S. 125.
55 Ergänzungsbefehl Keitels zur Weisung Hitlers Nr. 33, nach: Norbert Müller, a. a. O., S. 108.
56 IMGN, Bd. XXXVIII, S. 88 nach: ebenda.
57 Norbert Müller, (Hrg.), a. a. O., S. 132.
58 Ebenda, S. 136 f.
59 Ebenda, S. 140.
60 Norbert Müller, a. a. O., S. 149.
61 Norbert Müller, (Hrg.), a. a. O., S. 115 f.
62 Ebenda, S. 117.
63 Norbert Müller, a. a. O., S. 115 f.
64 Vgl. weitere Aktionen: Bericht des XXX. Armeekorps über Geiselnahmen und Massenerschießungen in Kodyma von 2. Aug. 1941, in: Norbert Müller (Hrg.), a. a. O., S. 69 ff.
Antrag des XXVIII. Armeekorps auf Ermordung der Geisteskranken der Heilanstalt Makarjewo unter Einsatz eines SD-Kommandos vom 20. Dezember 1941 und die Zustimmung des Oberbefehlshabers der 18. Armee, in: ebenda, S. 79 f.
65 Norbert Müller, a. a. O., S. 112.
66 Deutschland im Zweiten Weltkrieg, Bd. II, a. a. O., S. 125.
67 Anordnung des Befehlshabers des rückwärtigen Heeresgebiets Nord, wo die Einrichtung von Ghettos im Befehlsbereich, 3. September 1941; ZStA Potsdam, Fall 12, Bd. 181, Bl. 42 (Dok. NOKW-1104), in: Norbert Müller (Hrg.), a. a. O., S. 71.
68 Christian Streit, a. a. O., S. 113.
69 Norbert Müller, a. a. O., S. 117.
70 Ebenda, S. 117.
71 Christian Streit, a. a. O., S. 124.
72 Studie aus dem Oberkommando der 18. Armee über Möglichkeiten zur Behandlung der Bevölkerung Leningrads, 4. November 1941, ZStA Potsdam, Fall 12, Bd. 136, Bl. 21−24 (Dok. NOKW-1548); in: Norbert Müller (Hrg.), a. a. O., S. 75 ff.

73 Hans-Adolf Jacobsen, a. a. O., S. 176.
   Auf die Zusammenarbeit von Wehrmacht und SS-Einsatztruppen in den Kriegsgefangenenlagern wird im nächsten Kapitel eingegangen werden.
74 Nach dem 20. Juli 1944 zog Himmler einen Großteil der Kompetenzen im Kriegsgefangenenwesen an sich.
75 Christian Streit, a. a. O., S. 73.
76 Ebenda, S. 74.
77 Ebenda.
78 Ebenda, S. 181.
79 Alexander Dallin, a. a. O., S. 429.
80 Christian Streit, a. a. O., S. 78.
81 Ebenda, S. 79.
82 Ebenda, S. 164.
83 Ebenda, S. 167.
84 Ebenda, S. 136.
85 Alexander Dallin, a. a. O., S. 437.
86 Christian Streit, a. a. O., S. 185.
87 In der ersten Planungsstufe sollte ein großer Teil der sowjetischen Kriegsgefangenen ins Reich gebracht werden. In der zweiten sollten sie nach Möglichkeit von dort ferngehalten werden. In der dritten noch vor Beginn des Feldzuges gegen die UdSSR durchgeführten Planungsstufe sollten sie um jeden Preis aus dem Reich ferngehalten werden. Ebenda, S. 75 f.
88 Alexander Dallin, a. a. O., S. 424.
89 Ebenda, S. 437.
90 Ebenda, S. 440.
91 Christian Streit, a. a. O., S. 62.
92 Alexander Dallin, a. a. O., S. 423.
93 Ebenda, S. 438.
94 Befehl des Oberbefehlshabers des Heeres zur Regelung des Einsatzes der Sicherheitspolizei und des SD im Verband des Heeres beim Überfall auf die UdSSR; 28. April 1941; ZStA Potsdam, Fall 12, Bd. 144, Bl. 11–13 (Dok. NOKW-2080); in: Norbert Müller (Hrg.), a. a. O., S. 43.
95 Christian Streit, a. a. O., S. 31.
96 Befehl des Oberbefehlshabers des Heeres zur Regelung des Einsatzes der Sicherheitspolizei und des SD im Verband des Heeres beim Überfall auf die UdSSR, 28. April 1941; ZStA Potsdam, Fall 12, Bd. 144, Bl. 11–13 (Dok. NOKW-2080); in Norbert Müller (Hrg.), a. a. O., S. 43.
97 Hans-Adolf Jacobsen, a. a. O., S. 145.
98 Christian Streit, a. a. O., S. 110.
99 Auszug aus der Ereignismeldung UdSSR Nr. 128 des Chefs der Sicherheitspolizei und des SD über Zusammenarbeit zwischen SD-Einsatzgruppe C und Wehrmacht, 3. November 1941; ZStA Potsdam, Fall 12, Bd. 147, Bl. 211–213 (Dok. NOKW-3157); in: Norbert Müller (Hrg.), a. a. O., S. 73.
100 Christian Streit, a. a. O., S. 113.
101 Anordnung des Befehlshabers des rückwärtigen Heeresgebietes Nord über die Einrichtung von Ghettos im Befehlsbereich, 3. September 1941; ZStA Potsdam, Fall 12, Bd. 181, Bl. 42 (Dok. NOKW-2204); in: Norbert Müller (Hrg.), a. a. O., S. 71.
102 Christian Streit, a. a. O., S. 114.
103 Bericht des XXX. Armeekorps über Geiselnahmen und Massenerschießun-

gen in Kodyma sowie Bekanntmachung mit Androhung weiterer Terrormaßnahmen, 2. August 1941; ZStA Potsdam, Fall 12, Bd. 141, Bl. 2–4, 26 (Dok. NOKW-650; NOKW-586); in: Norbert Müller (Hrg.), a. a. O., S. 69 f.

104 Antrag des XXVIII. Armeekorps auf Ermordung der Geisteskranken der Heilanstalt Markarjewo unter Einsatz eines SD-Kommandos, 20. Dezember 1941; ZStA Potsdam, Fall 12, Bd. 136, Bl. 192–193 (Dok. NOKW-2260); in: Norbert Müller (Hrg.), S. 80.
105 Zustimmung des Oberbefehlshabers der 18. Armee zu den vom XXVIII. Armeekorps beantragten Liquidierungsmaßnahmen in Makarjewo, 26. Dezember 1941; ZStA Potsdam, Fall 12, Bd. 136, Bl. 186–187 (Dok. NOKW-2268); in: Norbert Müller (Hrg.), a. a. O., S. 80.
106 Deutschland im Zweiten Weltkrieg, Bd. III, S. 358.
Weitere Beispiele für diese Art der Zusammenarbeit bei Norbert Müller (Hrg.), a. a. O., S. 113.
107 Christian Streit, a. a. O., S. 389.
108 Ebenda, S. 91.
109 Ebenda, S. 98.
110 Ebenda, S. 98.
111 Ebenda, S. 100.
112 Ebenda, S. 105.
113 Otto Bräutigam, a. a. O., S. 389.
114 Christian Streit, a. a. O., S. 119.
115 Norbert Müller, a. a. O., S. 56.
116 Ebenda, S. 92.
117 Ebenda, S. 93.
118 Ebenda.
119 Ebenda, S. 94. Anfang Februar 1942 erfolgten hier noch weitere Veränderungen, die den Einfluß des Heeres und der unmittelbaren Truppenführung auf die im Operationsgebiet befindlichen militärischen Wirtschaftsorgane verstärkten. Ebenda, S. 154.
120 Niederschrift einer Besprechung beim Chef des Wehrwirtschafts- und Rüstungsamtes des OKW über den bisherigen Einsatz und die weitere Tätigkeit der Wirtschaftsorganisation Ost, 31. Juli 1941; MA, W 61.00./191, Bl. 5582–5887; in: Norbert Müller (Hrg.), a. a. O., S. 182.
121 Aus dem Protokoll einer Besprechung des Befehlshabers des rückwärtigen Heeresgebietes Süd mit dem Leiter der Wirtschaftsinspektion Süd über die Zusammenarbeit bei der Ausplünderung der okkupierten sowjetischen Gebiete, 6. November 1941; H 21.25.07/3, Bl. 507–510; in: Norbert Müller (Hrg.), a. a. O., S. 193 f.
122 IMGN, Bd. XXXII, S. 74 nach: Norbert Müller, a. a. O., S. 101.
123 DMA, WS 01.01.01/17 Bl. 569, nach ebenda, S. 167.
124 Aus der Aktennotiz über eine Beratung im OKW zur restlosen Erfassung von Getreide in der Ukraine unter Einsatz zusätzlicher bewaffneter Kräfte, 28. Mai 1942; MA.W. 60.00/56, Bl. 479–482; in: Norbert Müller (Hrg.), a. a. O., S. 231.
125 Befehl des II. Armeekorps zur Niederbrennung von Ortschaften und Erschießung ihrer männlichen Einwohner als Vergeltung für eine Partisanenaktion, 13. Dezember 1941; ZStA Potsdam, Fall 12, Bd. 136, Bl. 164–165 (Dok. NOKW-2279); in: Norbert Müller (Hrg.), a. a. O., S. 116 f.

126 Anweisung des Befehlshabers des rückwärtigen Heeresgebietes Mitte zur militärischen Sicherung der Zwangserfassung landwirtschaftlicher Produkte, 23. Juni 1942; MA, H 21.21.07/3, Bl. 957–959; in: Norbert Müller (Hrg.), a. a. O., S. 233.
127 ZStA Potsdam, Nürnberger Nachfolgeprozesse, Fall 12, N. v. 130, Bl. 149 f., (Dok. NOKW-2430); Befehl der 12. Panzerdivision vom 3. 11. 1941, nach: Deutschland im Zweiten Weltkrieg, Bd. II, a. a. O., S. 130.
128 Aus dem Protokoll einer Besprechung beim Chef des Wehrwirtschafts- und Rüstungsamtes des OKW über die Wirtschaftslage in den okkupierten sowjetischen Gebieten, 29. und 30. Dezember 1941, MA, W 60.00./56, Bl. 370–374; in: Norbert Müller (Hrg.) a. a. O., S. 206 f.
129 Norbert Müller, a. a. O., S. 102.
130 Otto Bräutigam, a. a. O., S. 386.
131 Verfügung des OKW über den Einsatz von Beauftragten des Generalbevollmächtigten für den Arbeitseinsatz im Operationsgebiet Ost, 24. April 1942; Richtlinien für die Führung der Wirtschaft in den neubesetzten Ostgebieten (Grüne Mappe), Teil II, Berlin 1942, S. 141–142; in: Norbert Müller (Hrg.), a. a. O., S. 288.
132 Befehl des OKH über die volle Mitwirkung der militärischen Verwaltungsorgane bei der Beschaffung sowjetischer Arbeitskräfte, 10. Mai 1942; Grüne Mappe II, S. 143–145; in: Norbert Müller (Hrg.), a. a. O., S. 291.
133 Ebenda, S. 292.
134 Alexander Dallin, a. a. O., S. 448.
135 DZA Potsdam, Fall 12, ADB 127, Bl. 21, nach: Norbert Müller (Hrg.), a. a. O., S. 186.
136 Ebenda, S. 190, Alexander Dallin, a. a. O., S. 447.
137 KTB/OKW, Bd. III, S. 210, nach: Norbert Müller, a. a. O., S. 189.
138 DZA Potsdam, ADB 140, Bl. 123 f, nach: ebenda, S. 189 f.
139 Verordnung des OKH über Arbeitspflicht und Arbeitseinsatz der sowjetischen Zivilbevölkerung im Operationsgebiet, 6. Februar 1943; ZStA Potsdam, Fall 12, Bd. 129, Bl. 17–22 (Dok. NOKW-2798). Vgl. auch IMGN, Bd. 31, S. 481–485 (Dok. 3012-PS); in: Norbert Müller (Hrg.), a. a. O., S. 300 ff.
140 Anweisung des Oberkommandos der 6. Armee über die Einberufung der weiblichen Angehörigen der Jahrgänge 1924 und 1925 zur Zwangsarbeit in Deutschland, 10. April 1943; ZStA Potsdam, Fall 12, Bd. 180, Bl. 121–123 (Dok. NOKW-2732); in: Norbert Müller (Hrg.), a. a. O., S. 308.
141 Befehl des Oberkommandos der 2. Armee über die Aushebung sämtlicher Männer und Frauen des Jahrganges 1925 zur Zwangsarbeit in Deutschland, 24. Juni 1943; MA, H 20.59.01/30, Bl. 980; in: Norbert Müller (Hrg.) a. a. O., S. 315.
142 Norbert Müller, a. a. O., S. 193 f. Dies war die Zahlenangabe der sowjetischen Anklagevertreter in Nürnberg, die auch weiterhin beibehalten wird. Alexander Dallin spricht von 2,8 Mio. Alexander Dallin, a. a. O., S. 444.
143 „Die Wehrmacht war für das Arbeitseinsatzprogramm nicht direkt zuständig oder verantwortlich, . . ." Alexander Dallin, a. a. O., S. 453.
144 Norbert Müller (Hrg.), a. a. O., S. 281.
145 Ebenda, S. 185.
146 Ebenda, S. 299.

147 DZA Potsdam, Fall 12, ADB 114, Bl. 123, nach: Norbert Müller, a. a. O., S. 196.
148 Alexander Dallin, a. a. O., S. 602.
149 Norbert Müller (Hrg.), a. a. O., S. 111.
150 Ebenda, S. 325 f.
151 Vgl. ebenda, S. 324−413.
152 Ebenda, S. 389 ff.
153 Norbert Müller, a. a. O., S. 253.
154 DZA Potsdam, Fall 12, ADB 183, Bl. 166, nach: ebenda, S. 257.
155 Ebenda, S. 258.
156 Befehl des Oberkommandos der Heeresgruppe Süd zur Zwangsverschleppung der wehr- und arbeitsfähigen sowjetischen Bevölkerung beim Rückzug der deutschen Truppen, 22. August 1943; MA, H 21.25.04/123, Bl. 1278−1279; in: Norbert Müller (Hrg.), a. a. O., S. 338 f.
157 Aus der Anweisung des Befehlshabers des rückwärtigen Heeresgebietes Nord zur Zwangsverschleppung von etwa 900 000 Sowjetbürgern, 21. September 1943; ZStA Potsdam, Fall 12, Bd. 127, Bl. 149−152 (Dok. NOKW-2427); in: Norbert Müller (Hrg.), a. a. O., S. 348 ff.
158 Anweisung des Befehlshabers des rückwärtigen Heeresgebietes Nord, die Flucht der Bevölkerung vor der Zwangsevakuierung zu verhindern und die geräumten Gebiete zu verwüsten, 16. Oktober 1943; ZStA Potsdam, Fall 12, Bd. 131, Bl. 2−3 (Dok. NOKW-2380); in: Norbert Müller (Hrg.), a. a. O., S. 361.
159 Norbert Müller, a. a. O., S. 272. Vgl. dazu auch: Niederschrift über eine Besprechung beim Oberkommando der Heeresgruppe Mittel über die Verschleppung von sowjetischen Kindern nach Deutschland, 1. Juni 1944; ZStA Potsdam, Fall 11, Bd. 366, Bl. 182−186 (Dok. NO-344); in: Norbert Müller (Hrg.), a. a. O., S. 393 ff; Vermerk für den Chef des Führungsstabes Politik im Reichsministerium für die besetzten Ostgebiete über die geplante Verschleppung von Kindern aus dem Bereich der Heeresgruppe Mitte, 12. Juni 1944; IMGN, Bd. 25, S. 89−92 (Dok. 031-PS); in: Norbert Müller (Hrg.), a. a. O., S. 397 ff.
160 Norbert Müller, a. a. O., S. 257.
161 Christian Streit, a. a. O., S. 15.
162 Ebenda.
163 Helmut Krausnick, a. a. O., S. 718.
164 Christian Streit, a. a. O., S. 60 f.
165 Goebbels Tagebuch, Eintragung vom 24. 2. 1942, nach: Deutschland im Zweiten Weltkrieg, Bd. II, a. a. O., S. 421.
166 Deutschland im Zweiten Weltkrieg, Bd. IV, S. 154.
167 Alexander Dallin, a. a. O., S. 261, vgl. auch S. 271.
168 IMGN Bd. I, S. 313 f, nach: Norbert Müller, a. a. O., S. 293.

Nachwort
1 Vgl. Fritz Krause, Vergessene Programme, Frankfurt am Main 1965, S. 5 f.
2 Dokumententeil, S. 131.
3 Ebenda, S. 133 ff.
4 Der Nürnberger Prozeß, Aus den Protokollen, Dokumenten und Materialien des Prozesses gegen die Hauptkriegsverbrecher vor dem internationalen

Militärgerichtshof. Ausgewählt und eingeleitet von Prof. Dr. P. A. Steiniger, Bd. II, Berlin (DDR) 1958, S. 313.
5 Ebenda.
6 Dokumententeil, S. 133 ff.
7 Neues Deutschland, Berlin (DDR), 11. 1. 1985.
8 Zit. in: Hella Schlumberger (Hrg.), Bundeswehr im Zwielicht. Fakten − Dokumente − Analysen, PPI-Konkret 8, München/Hamburg 1977, S. 62.
9 Vgl. Fritz Krause, Antimilitaristische Opposition in der BRD 1949−1955, Frankfurt am Main, 1970, S. 10 ff.
10 H. Truman, Memoiren, Bd. II, Stuttgart 1955, Frankfurt am Main, S. 284
11 Siehe Anmerkung.
12 Daily Mail vom 11. 2. 1952, zit. in: Fritz Krause, Antimilitaristische Opposition . . ., a. a. O., S. 30 f.
13 Frankfurter Allgemeine Zeitung vom 29. 11. 1984.
14 Ebenda.
15 Ebenda.
16 Der Spiegel, Hamburg 3. 12. 1984.
17 Dokumententeil, S. 119.
18 Frankfurter Allgemeine Zeitung vom 29. 11. 1984.
19 Frankfurter Rundschau vom 30. 11. 1984.
20 Ebenda.
21 Ebenda.
22 Kürbiskern, München, 1/1985, S. 4 f.
23 Die Welt, Bonn, 12./13. 1. 1985.
24 Dokumententeil, S. 146.

Franz Mehring

Gesammelte Schriften in 15 Bänden

Herausgegeben von Prof. Dr. Thomas Höhle,
Prof. Dr. Hans Koch,
Prof. Dr. Josef Schleifstein
Leinen · gesamt 9017 Seiten
Gesamtpreis 171,40 DM ausschl. Mwst.

Die Bände 1 und 2
werden nur zusammen abgegeben.
Alle anderen Bände
sind auch einzeln erhältlich.

Die 15 Bände der "Gesammelten Schriften" sind die erste umfassende, im besten Sinne des Wortes populärwissenschaftliche Ausgabe des Lebenswerkes dieses bedeutenden Schülers von Marx und Engels.
Franz Mehring tat viel, um die Geschichte der deutschen Arbeiterbewegung und des deutschen Volkes zu erforschen. Er erschloß der deutschen Arbeiterklasse den Zugang zu vielen Schätzen der Weltkultur und erleichterte den Zeitgenossen das Verständnis für tagespolitische Ereignisse.
Die "Gesammelten Schriften" zeichnen sich durch eine hohe Zuverlässigkeit des gebotenen Textes, durch die Anwendung moderner Editionsprinzipien und eine historisch-kritische, wissenschaftliche Wertung der Arbeiten Mehrings aus.

Franz Mehring

Karl Marx – Geschichte seines Lebens

5. Auflage · 22,610 Seiten · Leinen · 8,– DM, ausschl. Mwst.
Bestellangaben: 735 179 9/Mehring, Karl Marx

DIETZ VERLAG BERLIN

DDR-1020 Berlin, Wallstraße 76–79